交通运输标准化发展报告

（2023年）

REPORT ON TRANSPORTATION
STANDARDIZATION DEVELOPMENT
（2023）

《交通运输标准化发展报告（2023年）》编审委员会　编

人民交通出版社
北京

内 容 提 要

本报告系统总结了"十四五"以来交通运输标准化发展总体情况，以及在管理运行机制建设、标准体系建设、标准实施应用和国际交流合作等方面取得的成效，主要包括数据概览、重点工作、典型案例和发展展望等四个部分，旨在向社会更好宣传交通运输标准化发展历程和实践效果，提升标准化意识、凝聚行业共识。

本报告可供交通运输行业相关人员及其他社会各界了解和掌握交通运输标准化发展情况提供参考。

图书在版编目（CIP）数据

交通运输标准化发展报告. 2023年 /《交通运输标准化发展报告（2023年）》编审委员会编. — 北京：人民交通出版社股份有限公司，2024.3

ISBN 978-7-114-19436-8

Ⅰ. ①交… Ⅱ. ①交… Ⅲ. ①交通运输发展—标准化—研究报告—中国—2023 Ⅳ. ①F512.3-65

中国国家版本馆 CIP 数据核字（2024）第040914号

Jiaotong Yunshu Biaozhunhua Fazhan Baogao（2023 Nian）

书　　名： 交通运输标准化发展报告（2023年）
著 作 者：《交通运输标准化发展报告（2023年）》编审委员会
责任编辑： 周　宇　潘艳霞
责任校对： 刘　芹
责任印制： 刘高彤
出版发行： 人民交通出版社
地　　址：（100011）北京市朝阳区安定门外外馆斜街3号
网　　址： http://www.ccpcl.com.cn
销售电话：（010）59757973
总 经 销： 人民交通出版社发行部
经　　销： 各地新华书店
印　　刷： 北京市密东印刷有限公司
开　　本： 880×1230　1/16
印　　张： 6
字　　数： 72千
版　　次： 2024年3月　第1版
印　　次： 2024年3月　第1次印刷
书　　号： ISBN 978-7-114-19436-8
定　　价： 50.00元

编审委员会

编 写 组

组　长　徐文强　交通运输部科技司司长

副组长　林　强　交通运输部科技司副司长

刘　燕　国家铁路局科技与法制司副司长

罗一鸣　中国民用航空局航空器适航审定司副司长

靳　兵　国家邮政局政策法规司副司长

陈济丁　交通运输部科学研究院副院长

成　员　(按姓氏笔画排序)

于　光　王　伟　王　晶　王　冀　王同磊

石　欣　史砚磊　付　熙　付光琼　付国华

刘　东　刘　宇　刘　珣　刘明君　刘登峰

李　琦　李　辉　李亚敏　宋佳森　汪　炜

张　成　张　琳　陆立明　陈宗伟　周紫君

郑云亮　胡　博　侯键菲　秦　川　贾　蓓

徐华荣　董丽丽　蒋　辰　甄　静　蔡　垚

熊雅静　潘　迪

前言
PREFACE

标准是经济活动和社会发展的技术支撑，标准化在推进国家治理体系和治理能力现代化中发挥着基础性、引领性作用。交通运输部党组高度重视标准化工作，紧密围绕加快建设交通强国要求，着力健全综合交通运输、智慧物流、绿色交通、安全应急等重点标准体系，促进国家标准、行业标准、地方标准与团体标准、企业标准协调发展，多措并举推动标准实施应用。标准化对外交流合作不断深化，标准化科学管理效能进一步提升，支撑引领交通运输高质量发展迈出坚实步伐，为加快建设交通强国、努力当好中国式现代化的开路先锋提供了有力支撑。

为总结“十四五”以来交通运输标准化发展总体情况和取得的成效，向社会更好宣传交通运输标准化发展历程和实践效果，增进国内外对中国交通标准化事业的了解，进一步提升行业标准化意识，凝聚行业共识，特发布本报告。

目录
CONTENTS

一 标准化数据概览

（一）国家标准

截至 2023 年 12 月，交通运输领域现行有效国家标准共计 908 项。“十四五”以来发布国家标准 193 项，其中 2021 年发布 61 项、2022 年发布 40 项、2023 年发布 92 项。

表 1　国家标准数量统计与分布（单位：项）

类别	综合交通运输[1]	铁路	公路	水运	民航	邮政	合计
现行有效国家标准	66	223	328	228	37	26	908
“十四五”发布国家标准	23	27	63	66	1	13	193

[1] “综合交通运输标准”指两种及两种以上运输方式协调衔接或共同使用的标准。

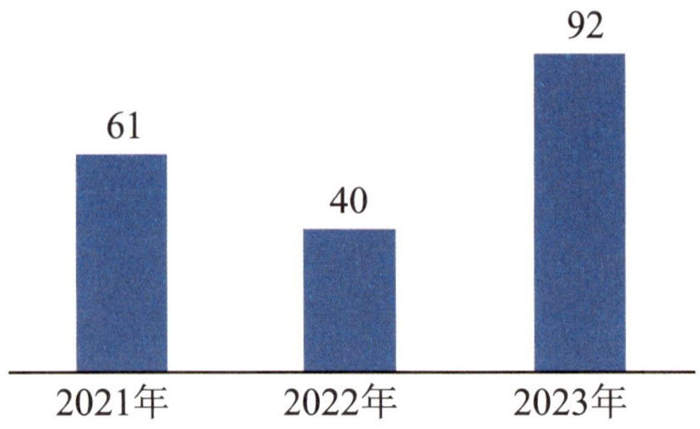

图 1　2021—2023 年国家标准发布情况（单位：项）

（二）行业标准

截至 2023 年 12 月，交通运输领域现行有效行业标准[1]共计 3145 项。“十四五”以来发布行业标准 582 项，其中 2021 年发布 184 项、2022 年发布 203 项、2023 年发布 195 项。

表 2　行业标准数量统计与分布（单位：项）

类别	综合交通运输	铁路	公路	水运	民航	邮政	合计
现行有效行业标准	135	1115	795	709	297	94	3145
“十四五”发布行业标准	48	121	163	163	68	19	582

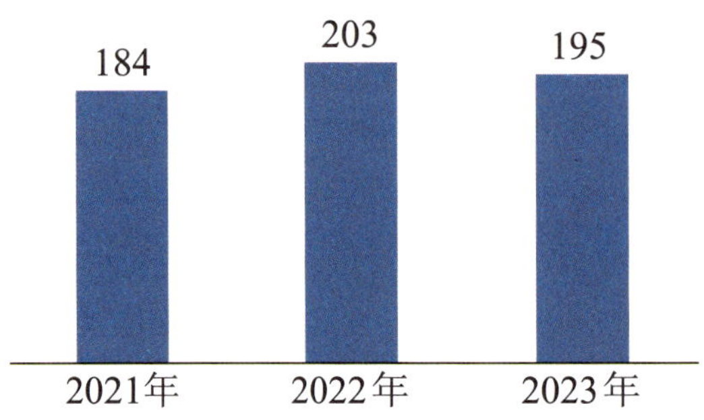

图 2　2021—2023 年行业标准发布情况（单位：项）

[1] 行业标准包括交通运输部、国家铁路局、中国民用航空局、国家邮政局发布的各类行业标准。

（三）地方标准

截至 2023 年 12 月，各省（自治区、直辖市）[1] 交通运输领域现行有效地方标准共计 2405 项。“十四五”以来，各省（自治区、直辖市）发布交通运输领域地方标准 927 项。

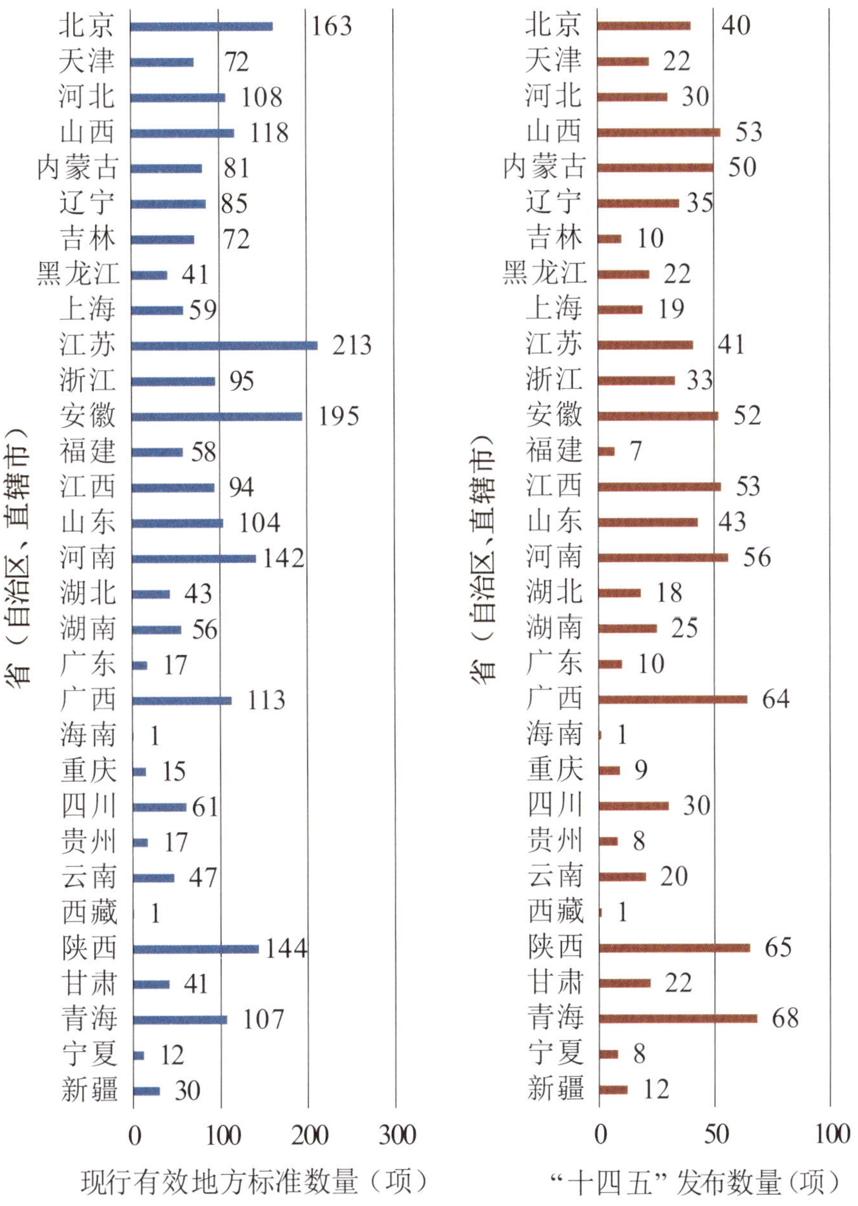

图 3　地方标准数量统计与分布

[1] 台湾省统计数据未包括在本报告内。本报告其他数据后同。

（四）团体标准

截至2023年12月，21家交通运输领域社会团体在全国团体标准信息平台自我声明公开团体标准共计940项[1]。

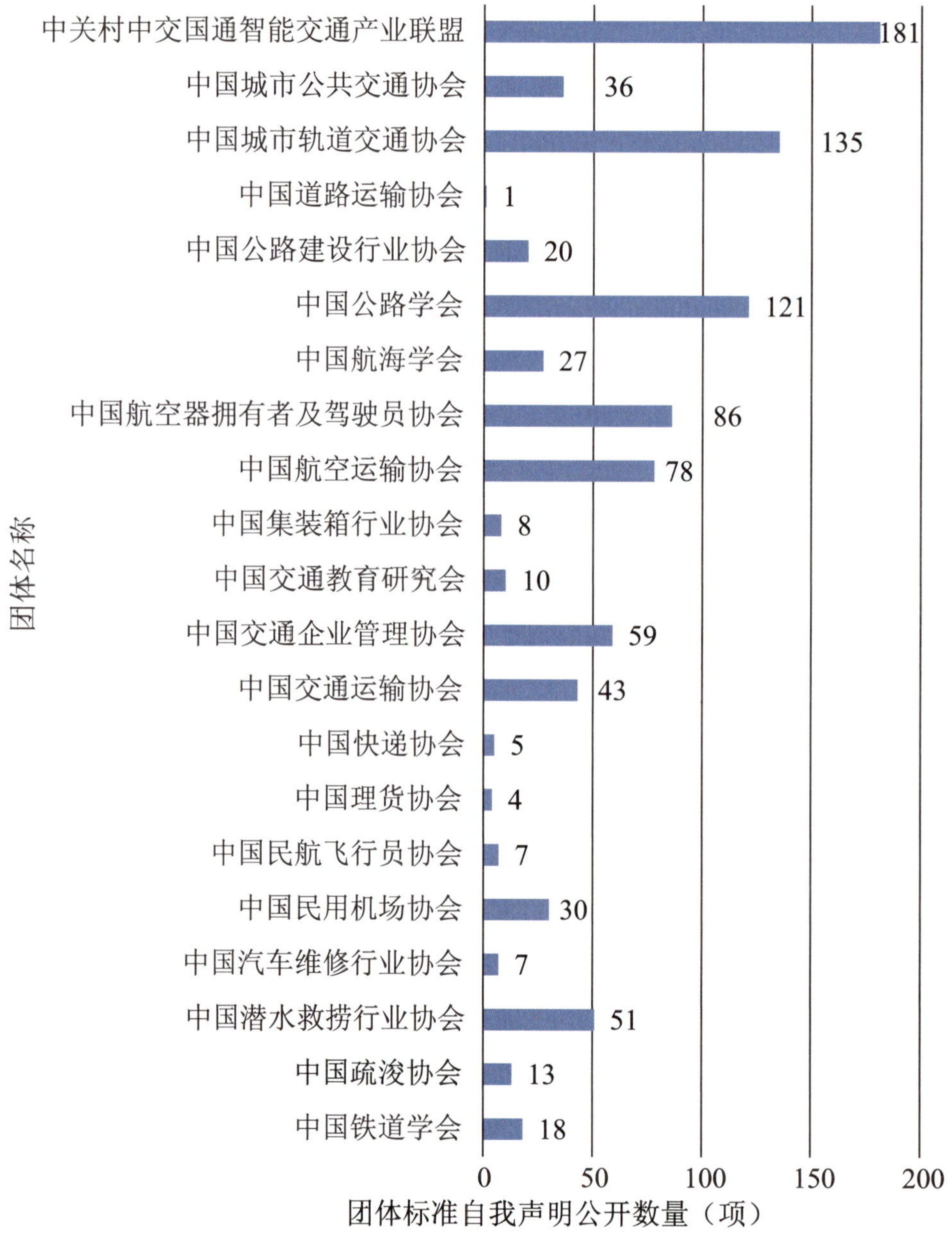

图4　团体标准数量统计与分布[2]

---

[1] 数据来源：全国团体标准信息平台（http：//www.ttbz.org.cn），统计日期：2023年12月31日。

[2] 团体名称按照拼音排序。

（五）技术委员会

1. 标准化技术委员会

标准化技术委员会是在一定专业领域内，从事标准起草和技术审查等标准化工作的非法人技术组织。交通运输领域标准化技术委员会包括全国专业标准化技术委员会、行业专业标准化技术委员会和地方专业标准化技术委员会。

截至目前，交通运输领域的全国专业标准化技术委员会共计 20 个，行业专业标准化技术委员会 13 个，涉及综合交通运输、集装箱、智能运输系统、信息通信及导航、城市客运、轨道交通电气设备与系统（下设机车车辆电气、通信信号、牵引供电分技术委员会）、交通工程设施（公路）、道路运输、汽车维修、内河船与水路运输、港口（下设疏浚装备分技术委员会）、航海安全、航测、救捞与水下工程、航空运输、空中交通管理、邮政业等专业领域。地方专业标准化技术委员会 26 个。

交通运输领域专业标准化技术委员会信息见附件 1。

2. 计量技术委员会

计量技术委员会是负责制修订计量技术规范、提供计量技术政策咨询、开展学术研讨交流、开展计量科普宣传和知识传播的非法人技术组织。

截至目前，交通运输领域的全国计量技术委员会共 2 个，包括全国公路专用计量器具计量技术委员会、全国水运专用计量器具计量技术委员会。已建设国家计量站 5 个，包括国家轨道衡计量站、国家铁路罐车容积计量站、国家道路及桥梁工程检测设备计量站、国家水运工程检测设备计量站、国家船舶舱容积计量站。

交通运输领域计量技术委员会和国家计量站信息见附件 2。

（六）标准化创新平台

交通运输领域标准化创新平台包括技术标准创新基地、标准验证点、国家强制性标准实施情况统计分析点等。

截至目前，民航领域获批建设国家技术标准创新基地；智能交通、疏浚工程装备、桥梁智能建造、轨道交通车辆装备等国家标准验证点获批；成立船舶运输安全领域、道路运输安全领域国家强制性标准实施情况统计分析点。

二 标准化重点工作

（一）强化一体融合 综合交通运输标准化运行机制更加系统全面

强化标准化顶层设计，综合交通运输标准化统筹进一步加强。交通运输部党组高度重视标准化工作，成立交通运输部标准化管理委员会，指导交通运输技术标准体系建设，统筹协调衔接各种交通运输方式标准和重大事项。会同国家标准化管理委员会、国家铁路局、中国民用航空局、国家邮政局联合印发《交通运输标准化“十四五”发展规划》，全面指导全行业“十四五”时期标准化工作。

加快完善标准化政策制度体系，确保标准化工作有规可依、有章可循。以部门规章《交通运输标准化管理办法》为核心，交通运输部、国家铁路局、中国民用航空局、国家邮政局印发铁路、公路、水路、民航、邮政标准化管理办法，形成了“1＋5”的交通运输标准化政策制度体系。印发标准制修订程序、标准编写规则、标准外文版管理等制度16项，促进标准质量提升。印发专业标准化技术委员会、标准化技术归口单位管理与考评等制度4项，推动标准化技术机构规范化建设。交通运输标准化政策制度见附件3。

加快地方标准化管理组织和技术组织建设，地方标准化发展效能不断彰显。各地紧密结合行业发展需求和地方特点，切实加快地方标准化管理委员会和技术委员会建设。江苏、广东、四川等地设立地方交通运输标准化管理委员会，强化地方交通标准化管理统筹。重庆、河南、甘肃、新疆等21个省（自治区、直辖市）成立了交通运输领域专业标准化技术委员会，有力支撑了地方标准化工作开展。广东将标准化技术委员会下设综合运输、数字交通、公路工程等9个分技术委员会，天津、山东等地成立港口、城市轨道交通等标准化技术委员会，地方标准化技术组织建设趋向专业化细分。

引导团体标准健康发展，市场主体标准创新能力进一步提升。印发《关于培育发展民航团体标准的指导意见》《团体标准和企业标准转化为铁路国家标准和行业标准的暂行规定》等，激发社会团体和企业制定标准、应用标准的活力。引导中国铁道学会、中国公路学会、中国航海学会、中国航空运输协会、中国快递协会、中国交通运输协会等一批具有法人资格和相应专业技术能力的社会团体组织，大力加强团体标准建设，填补了国家、行业和地方标准的空白，充分释放市场主体标准化活力。

（二）强化提档升级 适应高质量发展的标准体系基本形成

强制性标准体系建立完善。加快建设强制性标准体系，强化强制性标准“保基本、兜底线”的作用和技术法规地位。系统推进安全生产、职业健康与劳动保护、工程建设等方面强制性标准制修订，完成《港口作业安全要求》《道路运输危险货物车辆标志》《便携式机上儿童限制装置》等强制性国家标准，《铁路车辆运行安全监控系统设计规范》《公路桥涵养护规范》《液化天然气码头设计规范》《民用机场飞行区排水工程施工技术规范》等工程建设标准，筑牢交通安全发展底线，为建设人民满意交通保驾护航。

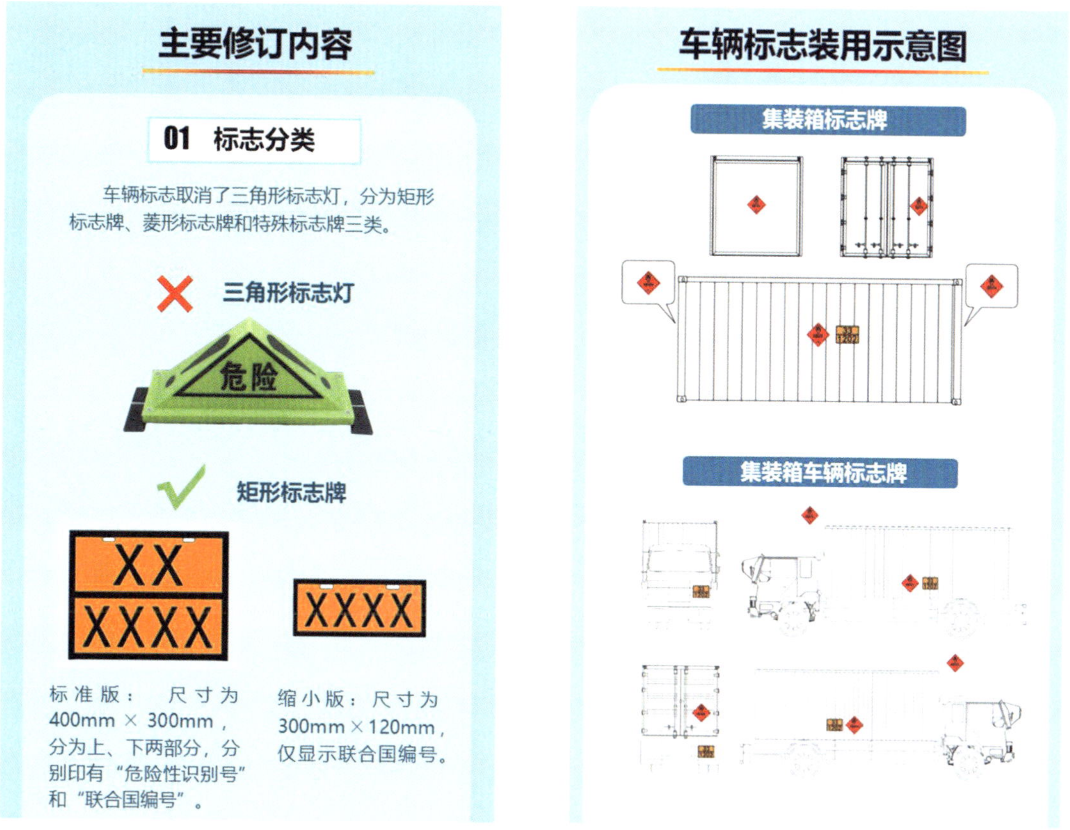

图5 强制性国家标准《道路运输危险货物车辆标志》（GB 13392—2023）释义

重点领域标准供给能力持续提升。完成综合交通运输、安全应急、绿色交通、物流和信息化等重点领域标准体系修订，推动各专业领域标准体系协调衔接。对现行有效推荐性国家标准、行业标准开展集中复审，涉及国家和行业标准 1300 项，形成“立、改、废”结论，消除标准中不适应综合交通运输一体化、高质量发展的内容，推动标准提档升级，进一步突出标准对行业的引领作用。

专栏 1

“十四五”以来印发的重点领域标准体系

引领现代综合交通运输体系建设，聚焦加快建设交通强国、构建国家综合立体交通网要求，修编发布《综合交通运输标准体系（2022年）》，涵盖基础通用、交通设施、运输装备、运输服务、统计评价等方面92项标准。强化铁路、公路、水路、民航和邮政标准与综合交通运输标准协调衔接，促进综合交通运输一体化融合发展。

提升智慧物流标准化水平，会同国家标准化管理委员会联合印发《交通运输智慧物流标准体系建设指南》，构建涵盖基础设施、运载装备、系统平台、电子单证、数据交互共享、运行服务管理的技术标准体系，包括国家标准和行业标准72项，促进交通运输业数字化转型升级。

深入落实碳达峰碳中和工作部署，印发《绿色交通标准体系（2022年）》，包括基础通用、节能降碳、污染防治、生态环境保护修复、资源节约集约利用等方面242项标准，加快形成绿色低碳运输方式，促进交通与自然和谐发展。

加强交通运输安全应急标准化建设，印发《交通运输安全应急标准体系（2022年）》，包括基础通用、工程建设与运营安全、旅客运输安全、货物运输安全、应急管理、设施设备等方面383项标准，着力防范化解重大安全风险，提升安全应急管理标准化水平。

地方标准支撑作用更加凸显。各地积极推动地方标准体系建设，北京、河北、山西、内蒙古、上海、浙江、陕西等地聚焦智慧交通、绿色交通等重点领域完善地方标准体系，加快交通强国建设试点相关标准制定。各地强化地方标准与国家标准、行业标准协调衔接，组织开展了千余项具有地方特色的高质量标准制修订，积极探索地方特色标准化建设路径，开创了标准化促进地方交通运输高质量发展新局面。

团体标准创新能力持续增强。聚焦5G、人工智能、区块链，以及新基建、新业态、新模式等领域，先进适用团体标准供给加快。强化团体标准体系构建，中国公路学会发布了车路协同自动驾驶标准体系，中国民用机场协会发布团体标准体系框架。围绕自动驾驶、智能航运、基础设施数字化等方面加快团体标准制定，团体标准不断做强做优，积极引领行业创新发展。

（三）强化实施应用　服务发展效能充分释放

1. 服务国家重大战略实施

促进区域协调发展向更高水平迈进。围绕京津冀协同发展、长江经济带发展、粤港澳大湾区建设、长三角一体化发展、黄河流域生态保护和高质量发展以及成渝地区双城经济圈建设需要，协同推动区域性地方标准制定实施。交通运输部、河北省人民政府联合印发《支撑雄安新区交通运输高质量发展标准体系》，推动高速公路车道级主动控制技术、长距离毫米波交通雷达、改性沥青新材料等标准制定与实施应用，以高标准助力创造“雄安质量”。

专栏 2

区域一体化发展标准化

服务长三角一体化发展，推动“三省一市”签订《长三角区域交通标准一体化建设框架协议》，发布《长三角省际毗邻公交运营服务规范》《船舶水污染物内河接收设施配置规范》等区域性地方标准，促进长三角地区交通运输高质量一体化发展。服务粤港澳大湾区建设，研究制定粤港澳大湾区交通运输高质量标准体系，推动《桥岛隧智能运维数据》等3项标准纳入首批“湾区标准”，助力湾区交通互联互通。服务成渝地区双城经济圈建设，开展成渝综合交通运输高质量标准体系研究，发布4项智慧高速公路系列区域性地方标准，助力两地公路基础设施互联互通和数字化转型发展。

图6　符合区域标准的川渝智慧高速公路

支撑重大工程高质量建设。助力出疆入藏大通道建设，发布《多年冻土地区公路设计与施工技术规范》等标准。依托港珠澳大桥等重大工程，发布《跨海钢箱梁桥大节段施工技术规程》《公路跨海桥梁养护技术规范》等标准，为国内外工程建设提供重要参考。

保障乡村振兴战略实施。发布《小交通量农村公路工程技术标准》《小交通量农村公路工程设计规范》等标准，推动“四好农村路”高质量发展。发布《乡镇运输服务站运营服务规范》《邮件快件农村客运车辆搭载作业要求》等标准，提升农村运输服务水平。发布《农产品寄递服务及环保包装要求》等标准，推进农村绿色寄递发展。

2. 支撑综合立体交通网建设

强化基础设施建设，以加快建设国家综合立体交通网为着力点，聚焦综合立体交通网络、客货运枢纽系统、农村交通基础设施等领域，发布《综合客运枢纽设计规范》《综合货运枢纽设计规范》《民用机场飞行区技术标准》《小交通量农村公路工程设计规范》等标准，为综合交通运输基础设施规划、设计、建设、运营和养护提供有力支撑。

专栏 3

综合立体交通网建设标准化

助力综合立体交通网络建设。完成城际铁路设计规范优化等研究，着力解决城际铁路与城市轨道交通融合贯通难题。发布实施《公路装配式混凝土桥梁设计规范》（JTG/T 3365-05—2022）、《内河水上服务区总体设计规范》（JTS/T 162—2021）等标准，提升公路水路基础设施建设质量。

推动综合客货运枢纽高质量发展。落实《国家综合立体交通网规划纲要》“统一规划、统一设计、统一建设、协同管理”的建设要求，制定发布了《综合客运枢纽设计规范》（JT/T 1453—2023），标准解决了各类枢纽设计标准参差不齐、一体化设计方面缺乏系统性和完整性等问题，提高了我国综合客运枢纽的规划设计、建设与运营管理水平，促进新建综合客运枢纽内各交通方式的换乘距离控制在300米以内，31个枢纽机场接入轨道交通线路50条，超过20个综合客运枢纽实现了铁路与城市轨道交通安检流程优化，对推动新时代综合客运枢纽高质量发展起到了重要作用。

图 7　杭州东站综合客运枢纽

完善农村客货邮基础设施。《乡镇运输服务站运营服务规范》（JT/T 1442—2022）明确了乡镇运输服务站关于人、车、站经营管理要求，规范了乡镇运输服务站经营者在旅客运输、物流配送等方面的运营服务行为。标准的发布实施，为全国乡镇运输服务站建设运营提供了技术依据，为全国 150 个农村物流服务品牌项目进一步整合交通、邮政、商务、供销、农业等多方资源，建设“多站合一、一点多能”综合运输服务站提供了参考指南，增强了乡镇运输服务站可持续运营能力，提升了农村地区交通运输基本公共服务水平。

3. 推动交通装备升级换代

加快推进以数字化、绿色化为主要特点的重大成套装备技术标准制修订，发布实施了《铁路客车通用技术条件》《商品车装卸动力爬梯设备技术要求》《航空货运保温集装箱热性能要求》《寄递无人车技术要求》等标准，促进多式联运装备、载运工具、交通特种装备和新型装备技术在行业广泛推广应用，助力实现交通运输装备技术升级。

专栏 4

交通装备标准化

在多式联运装备方面，发布实施了《基于NFC的集装箱电子箱封及系统》（GB/T 40710—2021），标准规定了基于NFC的集装箱电子箱封的共性关键要求，有力推动了电子箱封在多式联运中的应用，提高了多式联运交接检查效率。同时，牵头起草了国际标准《集装箱NFC/二维码箱封》（ISO/TS 7352:2023），引领国际集装箱航运物流业信息化、数字化、智能化管理。自2021年起，集装箱NFC/二维码箱封在中日、中韩、东南亚等国际运输航线中全面推广使用，已有近600万的新型箱封销往美国、欧洲、加拿大、孟加拉国、阿联酋、印度、巴西等。

在交通载运工具方面，发布实施了《冷藏保温车选型技术要求》（GB/T 40475—2021），标准对冷藏保温车辆的分类、整车要求、车厢要求、专用配置要求、车辆选用与车体标识要求等进行规范，指导我国12000家冷链运输企业的35万辆冷藏保温车辆选型、冷藏保温车辆生产企业规范化设计、生产，对进一步提升冷链运输效能、保障冷链食品安全、推进货运车型标准化、提升冷链物流装备专业化水平具有重要意义。

在交通特种设备方面，发布实施了《载人潜水器舱室人机交互技术要求》（JT/T 1467—2023），标准规定了载人潜水器舱室人机交互的总体要求、工作环境要求、控制器要求、信息显示要求及座椅设计要求。标准的发布实施，为"蛟龙号"深海载人潜水器以及"深海勇士号"深海载人潜水器舱室人机交互设计的维护改造、新型潜器设计研发等提供了技术支撑，可以最大限度地满足人的能力、操作性和空间限制间的最优搭配，同时也可在降低深海装备研发成本、缩短研制生产周期、降低研制风险、提升设备兼容性和可扩张性能等方面发挥重要作用。

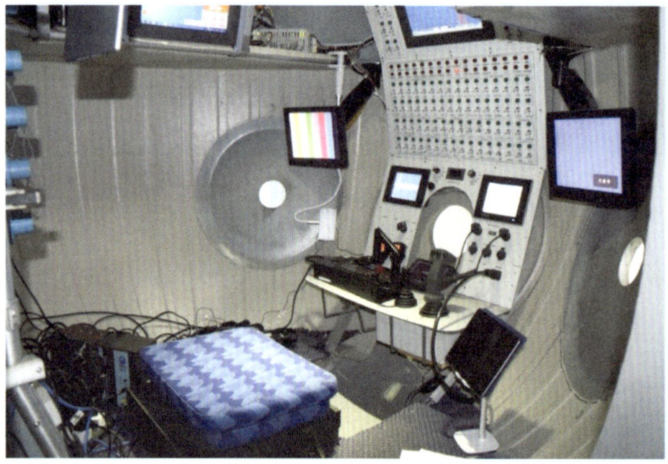

图 8　载人潜水器舱室人机交互设计模型舱室

4. 提升运输服务品质效率

加快推进基础条件、作业程序、装备技术和服务质量等方面标准制修订，发布实施了《港口海铁联运电子数据交换技术要求》《铁路货物装载加固技术要求》《城市轨道交通客运服务规范》《道路客运定制服务规范》《水路客运电子船票系统技术规范》等标准，加强适老化服务标准研制，推进旅客联程运输“一票制”和行李服务规范等标准研制，规范引导新业态新模式健康发展，提升旅客出行服务品质，促进多式联运“一单制”“一箱制”发展，推动现代物流转型升级，提升综合交通运输服务品质效率。

专栏 5

运输服务标准化

助力现代物流服务发展。《无人机物流配送运行要求》（JT/T 1440—2022）规范了无人机与干线航空货运、末端快递业务的衔接，支撑了中国邮政、顺丰、京东、中通等代表性企业在江西、四川、粤港澳大湾区、陕西等多地开展支线、末端无人机物流配送，提升了配送衔接效率，推动了无人机物流与快递业务的融合，促进了我国无人机物流业态发展。

《邮政快递无人机监管信息交互规范》（JT/T 1439—2022）的发布实施，解决了邮政快递无人机运营企业存在的监管信息交换流程不一致、接口标准不统一等问题，规范了邮政快递无人机各信息系统之间信息交互，推动了邮政快递无人机行业联合监管，支撑了邮政快递企业千余台无人机、百万余件邮件快件的运输，促进了空邮合作高效顺畅发展。

图9　无人机物流

强化“互联网＋政务服务”标准化。《水路运输电子证照（1～12部分）》（JT/T 1385.1～JT/T 1385.12）、《海事电子证照（1～13部分）》（JT/T 1386.1～JT/T 1386.13）、《交通建设工程电子证照　公路水运工程监理企业资质证书》（JT/T 1403）等一系列电子证照标准实施应用以来，累计发放各类电子证照1500多万张，为实现数据资源共享、可信数据开放、证照互信互认提供了有力支撑，促进了新型政务服务模式应用，推动解决交通运输行业行政许可电子化的“最后一公里”问题，真正做到了“让信息多跑路、让群众少跑腿”，极大方便了办事企业和群众。

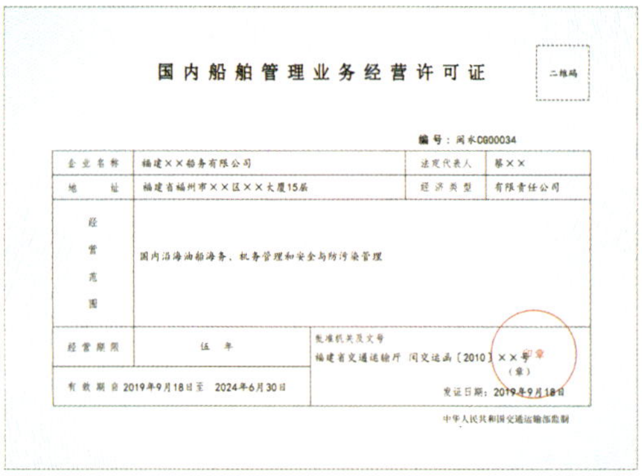
国内船舶管理业务经营许可证

二维码

编号：闽水CG00034

企业名称	福建××船务有限公司	法定代表人	蔡××
地址	福建省福州市××区××大厦15层	经济类型	有限责任公司
经营范围	国内沿海油船海务、机务管理和安全与防污染管理		
经营期限	伍年	批准机关及文号：福建省交通运输厅 闽交运函〔2010〕××号（章）	
有效期自2019年9月18日至 2024年6月30日		发证日期：2019年9月18日	

中华人民共和国交通运输部监制

水路运输电子证照　国内船舶管理业务经营许可证样式示例

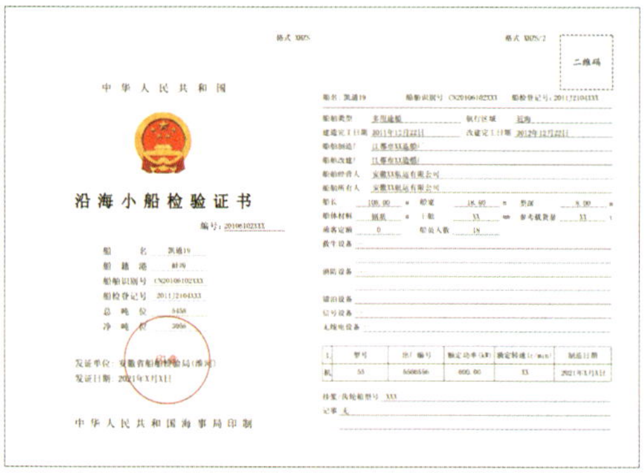

海事电子证照　沿海小船检验证书第一页样式示例

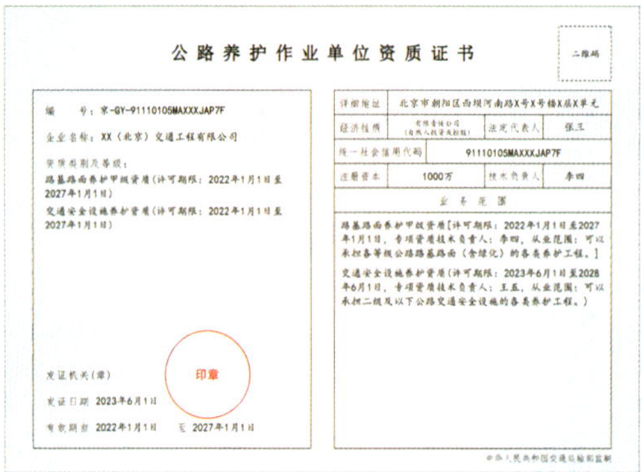
公路养护作业单位资质证书

二维码

编　号：京-GY-91110105MAXXXJAP7F

企业名称：XX（北京）交通工程有限公司

资质类别及等级：

路基路面养护甲级资质（许可期限：2022年1月1日至2027年1月1日）

交通安全设施养护资质（许可期限：2022年1月1日至2027年1月1日）

发证机关（章）　印章

发证日期　2023年6月1日

有效期自　2022年1月1日　至　2027年1月1日

详细地址	北京市朝阳区西坝河南路X号X号楼X层X单元		
经济性质	有限责任公司（自然人投资或控股）	法定代表人	张三
统一社会信用代码	91110105MAXXXJAP7F		
注册资本	1000万	技术负责人	李四
业务范围			
路基路面养护甲级资质[许可期限：2022年1月1日至2027年1月1日，专项资质技术负责人：李四，从业范围：可以承担各等级公路路基路面（含绿化）的各类养护工程。] 交通安全设施养护资质(许可期限：2023年6月1日至2028年6月1日，专项资质技术负责人：王五，从业范围：可以承担二级及以下公路交通安全设施的各类养护工程。)			

中华人民共和国交通运输部监制

公路管理电子证照　公路养护作业单位资质证书样式示例

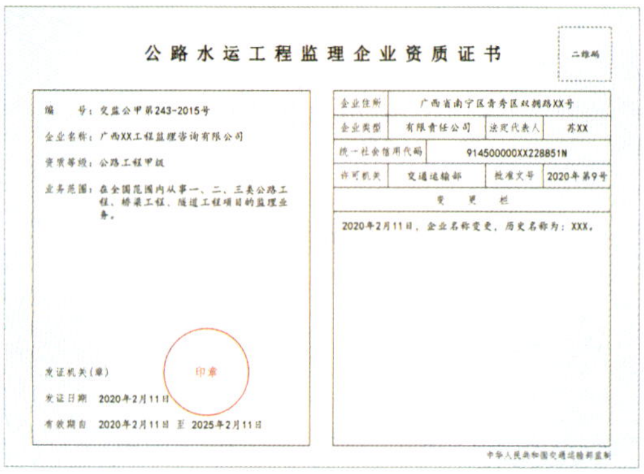
公路水运工程监理企业资质证书

二维码

编　号：交监公甲第243-2015号

企业名称：广西XX工程监理咨询有限公司

资质等级：公路工程甲级

业务范围：在全国范围内从事一、二、三类公路工程、桥梁工程、隧道工程项目的监理业务。

发证机关（章）　印章

发证日期　2020年2月11日

有效期自　2020年2月11日　至　2025年2月11日

企业住所	广西省南宁区青秀区双拥路XX号		
企业类型	有限责任公司	法定代表人	苏XX
统一社会信用代码	914500000XX228851N		
许可机关	交通运输部	批准文号	2020年第9号
变更栏			
2020年2月11日，企业名称变更，历史名称为：XXX。			

中华人民共和国交通运输部监制

交通建设工程电子证照　公路水运工程监理企业资质证书样式示例

图 10　交通运输电子证照示例

5. 推动智慧交通快速发展

加快智慧交通技术、数据资源融合、北斗卫星导航系统应用等方面关键技术和共性基础标准制修订，发布实施了《自动化集装箱码头建设指南》《机场数据规范与交互技术指南》《邮件快件智能X射线安全检查设备技术要求》等标准，提升交通运输信息化水平，促进新一代信息通信技术行业应用，推动交通运输领域新型基础设施建设。

专栏 6

智慧交通标准化

助力智慧交通建设。依据《国家车联网产业标准体系建设指南（智能交通相关）》，发布了《营运车辆车路/车车通信（V2X）终端性能要求和检测方法》（JT/T 1458—2023）、《营运车辆低速跟随系统性能要求和测试规程》（JT/T 1459—2023）、《基于车路协同的营运车辆前方交通障碍预警系统要求》（JT/T 1460—2023）等一系列智能驾驶和车路协同相关标准，有力推动了车路协同新技术在营运车辆上的大规模应用，提升了我国营运车辆车路、车车信息协同的技术水平。

图 11　高速公路交通事件监测

夯实网络信息安全。《交通运输行业网络安全等级保护基本要求》（JT/T 1417—2022）是网络安全监督、检查和考核的依据，是行业单位围绕网络全生命周期开展网络安全工作的最基础、最核心标准。标准发布实施，为信息系统安全建设和管理提供了系统性、针对性和可行性的指导和服务，进一步提升了交通运输行业信息安全的保障能力和防护水平。

促进北斗卫星导航系统应用。制定发布了《交通运输卫星导航增强定位模块测试技术规范》（GB/T 42427—2023），进一步发挥高精度的定位、导航等服务对车路协同、智能航运等的基础支撑作用，保障行业北斗增强应用可靠运行，促进行业高精度位置应用服务发展，进一步推进北斗卫星导航系统行业广泛应用。

6. 保障交通运输安全发展

加快推进交通基础设施安全技术、安全生产预防控制、自然灾害交通防治和突发事件应急处置等标准制修订，发布实施了《铁路危险货物品名表》《公路桥梁结构监测技术规范》《公路水运工程施工安全风险评估指南》《航空器消防救援真火实训系统建设规范》等标准，提升交通设施设备本质安全水平，增强安全生产治理、应急救援和应急运输能力。

专栏 7

安全应急保障标准化

筑牢交通运输安全底线。修订发布的强制性国家标准《道路交通标志和标线　第 2 部分：道路交通标志》（GB 5768.2—2022），广泛应用于全国 535 万公里的公路和城市道路。通过道路交通标志和标线等“交通语言”设置的标准化，引导和规范道路使用者有秩序地使用道路，减少交通拥堵，充分发挥标准化治理能力，提高路网整体运行效率。

图 12　高速公路出口预告标志

提升应急救援与应急运输能力。《城市轨道交通运营应急能力建设基本要求》（JT/T 1409—2022）发布后，支撑了行业交叉互检和应急管理体系建设等工作，目前全国已有北京、上海、广州、成都、深圳、杭州等超过 40 个城市的轨道交通运营企业对标对表标准要求，健全完善应急管理体系，强化应急能力建设。2022 年 6 月 27 日，《交通运输部关于切实做好城市轨道交通防汛防涝工作的通知》（交运明电〔2022〕182 号）中明确要求，“参照《城市轨道交通运营应急能力建设基本要求》（JT/T 1409—2022），及时核查挡水板、防汛沙袋、抽水设备等应急物资种类、数量和状态，补齐补足补强相关应急设施与应急物资”。标准为各地合理优化应急抢险队伍和应急物资部署，全面提升应急能力，确保城市轨道交通安全运行提供了有力技术支撑。

图 13　城市轨道交通防汛物资配备

7. 促进绿色低碳交通建设

加快推进了绿色交通发展有关新技术、新设备、新材料、新工艺标准制修订，发布实施了《铁路环境测量 环境噪声测量》《公路生态环境保护技术标准》《港口工程绿色设计导则》《运输船舶能源利用监测评价方法》等标准，促进资源节约集约利用，强化节能减排、污染防治和生态环境保护修复，推进绿色集约循环发展，建设绿色交通，落实碳达峰碳中和目标任务。

专栏 8

绿色交通标准化

助力交通运输绿色低碳发展。发布实施《天然气营运客车燃料消耗量限值及测量方法》（JT/T 1444—2022），为我国天然气营运客车燃料消耗量的评价提供了科学有效的评价指标，为客车生产企业开发天然气车辆提供了技术依据，有效指导了道路运输企业车辆选型，对实现道路运输行业能源的多元化和清洁化、减少尾气排放具有重要意义。发布实施《天然气营运货车燃料消耗量限值及测量方法》（JT/T 1411—2022）等标准，引导了车辆生产企业加快车辆技术升级，指导了运输企业选择高能效低排放天然气车辆，推动减少车辆碳排放，促进能源多元化清洁化转型。

图 14 天然气营运客车

发布实施《公路机电设施用电设备能效等级及评定方法》（JT/T 1431—2022）系列标准，提升公路机电设备能效水平，降低公路运营能耗，指导各地依据标准对低于能效标准的公路 LED 车道控制标志、隧道通风机、隧道照明系统、LED 可变信息标志、LED 照明灯具等公路机电设施用电设备进行能效提升改造，实现降低能源成本 10% 以上，加快绿色低碳转型。

促进资源节约集约利用。《邮件快件限制过度包装要求》（YZ/T 0178—2021）发布实施，有力支撑了邮件快件过度包装专项治理，邮政快递业累计投放循环快递箱（盒）1487 万个，电商快件不再二次包装比例超过 95%，全国设置标准包装废弃物回收装置的邮政快递网点达 12.7 万个，对于规范邮件快件包装行为，减少资源消耗，推动邮政行业绿色发展具有重要意义。

图 15　隧道通风机及照明系统

8. 稳固行业质量发展基础

强化工程和产品质量监督。开展“平安百年品质工程”建设，印发创建示范项目清单，对 56 个示范成效显著的公路水运建设项目冠名为“平安工程”，推进现代工程质量安全管理体系建设。面向全国开展了道路运输车辆卫星定位车载终端、公路隧道LED照明灯具等20类重点产品监督抽查工作，产品总体抽样合格率96.8%。建立检验机构信息库动态调整机制，试点推动天津、河北、浙江、福建、湖北、四川等6省市创新产品质量监督部省联动模式，为提升工程建设和运输服务质量提供产品保证。

计量、检验检测和认证认可能力稳步提升。“十四五”以来，交通运输部门最高计量标准取得授权35项，发布35项国家和部门计量技术规范，计量技术规范体系持续完善。筹建国家水运监测装备产业计量测试中心，进一步汇聚产学研资源，加强多波束测深系统、水下机器人等关键水运监测装备计量测试技术及标准装置研发。组建全国民用航空计量技术委员会，成立中国计量测试学会交通计量测试分会，江苏、甘肃等地建立省级交通工程设备计量中心，计量服务网络进一步完善，为推进标准与计量、检验检测协同发展提供平台支撑。推动建立快递包装绿色产品认证制度，开展ETC产品、汽车维修服务等方面认证，推动标准有效实施。完善计量认证交通评审组的工作机制，加强检验检测机构的监督管理。

图16　水下机器人计量测试

9. 标准化科学管理水平不断提升

加强标准全生命周期管理，提升标准信息管理服务能力。建立健全了标准立项评估制度，强化必要性和可行性审查，从源头确保标准质量，提升交通运输标准权威性和科学性。严格标准制修订程序，缩短标准制修订周期，“十四五”以来，交通运输国家标准和行业标准平均制修订周期缩短为17.5个月，标准的先进性、有效性和适用性进一步提高。紧密跟踪交通运输技术发展趋势，加大技术创新活跃领域标准研究布局，将成熟适用创新成果及时转化为标准，标准科技含量和技术水平不断提升。持续优化标准化信息系统服务功能，促进交通运输标准化信息资源交换与共享，年均浏览量超过300万次。推进地方标准库建立，进一步健全标准基础信息采集和统计制度。

专栏 9

交通运输标准化信息系统

交通运输标准化信息系统是为社会公众及时、准确了解交通运输标准，为标准化工作参与者提供管理服务的综合系统。系统现设有行业标准制修订、标准化研究项目、标委会管理、标准体系管理、产品质量监督抽查、标准信息公共服务等6个业务子系统。系统可向公众提供2000余项标准及部门计量检定规程的全文免费下载，实现标准信息查询、标准文本在线阅读下载、标准发布等公告信息查询、标准解读等，并为交通运输标准化工作者提供标准计划申报、立项、征求意见、审查、报批、复审等全过程网络化管理。

图 17　交通运输标准化信息系统主页

拓展标准宣贯范围和渠道，标准影响力进一步扩大。通过央视等多家权威主流媒体宣传、“一图读懂”等方式，对智慧物流标准体系、道路交通标志国家标准等进行宣传，促进标准有效落地实施。开展百余项重要标准在线解读，累计浏览量超过 7 万人次。开展标准宣贯培训，年均培训超过 4 万人次，标准宣贯渠道和覆盖面进一步拓宽。组织开展 200 余项重点标准实施效果评估，对实施效果不佳的标准及时修订。北京、山西、浙江、山东、陕西、青海等地在综合交通枢纽、旅游公路、智慧绿色港口、城市公交运营服务等方面推出一批标准化试点项目，湖北等地依据标准开展交通运输服务和工程质量评价，多措并举深化标准实施成效。通过网站、微信公众号、海报、展板、讲座等方式开展世界标准日宣传活动，营造知标准、懂标准、用标准的浓厚氛围。

图 18　交通运输标准“一图读懂”

（四）强化兼容并蓄　标准制度型开放持续推进

“十四五”以来，交通运输标准化更加积极融入国际标准治理体系，标准国际交流与合作更加密切，在国际标准制修订、标准外文版翻译与海外工程应用等方面取得丰硕成果，积极在国际舞台上贡献中国交通智慧。

国际国内标准协同发展持续推动。我国主持制定的《铁路应用　轨道几何质量　第 1 部分：轨道几何及其质量描述》《集装箱 NFC/二维码箱封》《高速铁路设计　基础设施》等 18 项国际标准正式发布。《铁路应用　运营服务用列车占用检查原则》《船舶与海上技术　耙吸挖泥船　耙臂位置显示系统》《民用无人驾驶航空器服务提供方与用户信息交互接口规范》等 18 项国际标准获得立项，提交《铁路应用　制动系统　通用要求》《集装箱二维码》《航标灯有效光强测量与计算》等 28

项国际标准提案，推动中国技术融入国际标准体系。研究组建国际标准提案库，梳理国际标准需求，强化工作统筹，国际标准技术储备进一步加强，实质性提升我国交通运输参与国际标准化工作的能力和水平。

专栏 10

国际标准《集装箱 NFC/二维码箱封》
（ISO/TS 7352:2023）发布

2023 年 3 月 13 日，我国主导制定的集装箱国际标准《集装箱 NFC/二维码箱封》（ISO/TS 7352:2023）由 ISO 中央秘书处在日内瓦正式发布。这是继国际标准《集装箱货运标签系统》（ISO 18186:2011）之后，由国家标准化管理委员会和交通运输部指导，全国集装箱标准化技术委员会组织，我国主持的又一项 ISO 国际标准。

标准有助于界定集装箱多式联运责任，提高集装箱运输的安全性，支撑海关和检验检疫等部门加强监管。集装箱 NFC/二维码箱封已在我国检验检疫、集装箱运输和物流快递等方面开展应用。国内部分集装箱运输企业已使用符合标准规定的 NFC/二维码箱封，并在中日、中韩、东南亚航线上广泛运行。

图 19　工作人员在进行 NFC 箱封施封操作

标准外文版体系更加完善。高质量服务共建“一带一路”，发布《列控中心技术条件》《供应链监控用集装箱电子箱封应用技术规范》《公路桥涵设计通用规范》等 125 项标准外文版，涵盖英、法、德、日、俄等多语种。截至 2023 年 12 月，交通标准外文版共发布 555 项。印尼雅万高铁、柬埔寨金港高速公路等“一带一路”重点项目采用我国标准，为国际标准化发展作出“中国贡献”。开展发展中国家港口与航道建设技术培训，面向缅甸、泰国、越南等国家宣贯中国港口建设标准和水运计量技术，提升中国标准海外认可度。

图 20　英、法、德、日文交通运输标准外文版

标准化国际交流与合作不断深化。我国成功当选万国邮联地理编码工作组主席国，积极开展万国邮联地理编码国际标准编制，推动北斗卫星导航系统在国际寄递领域应用。我国专家担任 ISO/TC 269 铁路应用技术委员会机车车辆分委会主席，承担 ISO/TC 269 铁路应用技术委员会基础设施分委会轮值秘书处，与 ISO 建立可持续流动与城市交通、机场基础设施等领域技术对口关系。截至 2023 年 12 月，行业共有 12 个标委会的秘书处支撑单位与三大国际标准化组织（ISO、IEC、ITU）建立了技术对口关系（附件 4），持续深化参与国际标准组织治理和重大政策规则制定，贡献中国智慧。支持举办现代绿色港航国际标准化论坛、首届中国民航标准化国际论坛等，各相关标委会积极开

展国际标准化交流，积极分享国际标准化实践成果。

图 21　国际交流合作不断深化

标准国际化发展基础进一步夯实。研究加强国际标准化人才队伍建设，强化国际标准注册专家的培养、使用和管理。研究建立中国—印尼水运标准计量合作机制，与印尼相关科研院校和企业开展交流研讨，深化国际交流合作。中国交建等企业搭建国际标准研发平台，发挥技术创新优势开展标准国际化研究，国际影响力不断提升。

三 标准化典型案例

(一) 积极推动标准国际交流与合作

案例 1 系统推进中国铁路标准国际化发展

近年来，国家铁路局组织铁路行业持续推进我国铁路标准国际化工作，积极推动我国铁路优势、特色技术纳入国际标准，以标准助力中国铁路“走出去”。

2021 年 8 月，国际标准化组织（ISO）发布了由我国主持制定的首项铁路国际标准《铁路基础设施　钢轨焊接　第 1 部分：钢轨焊接的通用要求和试验方法》（ISO 23300-1:2021），此后又发布了由我国主持制定的《铁路应用　机车车辆车体侧窗》（ISO 22752:2021）等 3 项 ISO 铁路国际标准。以上标准均以我国铁路行业标准为基础进行编制，纳入了多项我国铁路特色优势技术，填补了钢轨焊接、机车车辆车窗和悬挂部件国际标准空白，为丰富世界钢轨焊接和机车车辆重要部件的制造检测技术贡献了中国方案，是中国铁路标准国际化工作具有里程碑意义的重大成果。

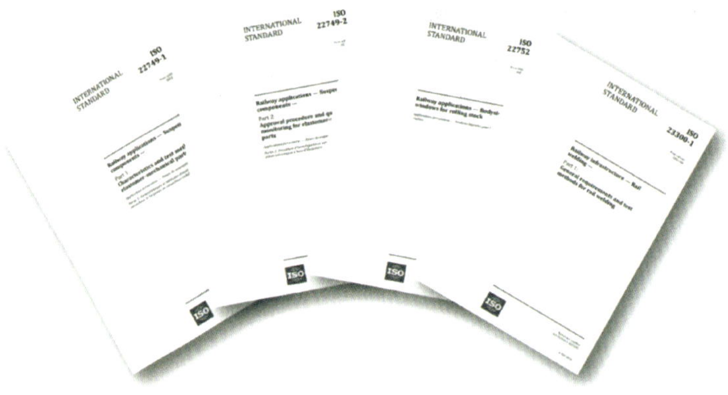

图 22　以我国铁路行业标准为基础形成的 ISO 铁路国际标准

在不懈努力下，我国铁路在国际标准组织中话语权和影响力日益彰显，在国际标准化组织铁路应用技术委员会（ISO/TC269）、国际电工委员会轨道交通电气设备与系统技术委员会（IEC/TC9）中贡献率位居前列，并积累形成了有益经验。一是强化体系建设，为国际标准制修订提供有力技术支撑。中国铁路经过多年高质量建设和运营实践，已构建界面更清晰、结构更合理、覆盖更广泛、水平更先进、支撑更有力，体现安全可靠、系统完备、先进适用特性的铁路标准体系，为国际标准制修订工作提供了更多的技术支撑。二是积极有效沟通，敢于善于开拓国际合作朋友圈。不断探索工作模式，积极争取各国的支持，通过双边技术交流增进互信，建立良好的合作关系，宣传推介我国铁路特色技术及成熟经验，不断扩大朋友圈，为我国牵头国际标准开拓了良好的外部环境。三是多方联动合作，为推进铁路标准国际化共同发力。以政府搭建平台为基础，企事业单位积极推动为抓手，中国专家全力争取为关键，多方共同努力，形成强大合力，不断推动中国铁路标准逐步走向世界标准舞台中央。

（此案例由国家铁路局提供。）

案例2　国际铁路联盟发布我国主持制定的高铁设计系列标准

近年来，国家铁路局积极推动铁路行业相关单位参与国际铁路联盟（UIC）标准化工作，以标准助力中国铁路“走出去”。2022年，UIC相继发布实施由我国主持制定的《高速铁路设计　基础设施》和《高速铁路设计　供电》2项标准。截至目前，我国主持制定的UIC标准已累计发布实施18项，中国铁路标准国际化工作取得了丰硕成果。

两项标准是《高速铁路设计》系列标准的重要组成部分，由中国主持，法国、德国、日本、西班牙、意大利等十余个国家的20余名专家参与。从申请立项到发布实施，我国铁路行业标准化管理和专业技术人员通过4年坚持不懈地努力，将两项标准引入代表中国高速铁路顶层设计理念的总体设计相关内容，吸纳中国高速铁路列车荷载图式等核心技术，推介中国CRTSⅢ型板式无砟轨道等优势技术，并首次纳入地理信息系统（GIS）和建筑信息模型（BIM）等信息化手段，最终确立了UIC高速铁路总体设计、线路、路基、桥梁、隧道、轨道、车站、动车组运用检修设施、维修设施、综合防护、环境保护、电力牵引供电、接触网、电力供配电和远动系统等领域的设计内容，为世界高速铁路建设运营贡献中国方案。

两项标准的发布实施是中国铁路继UIC《高速铁路实施》系列标准发布后的又一具有里程碑意义的重大成果，填补了高速铁路设计等关键领域的国际标准空白，全面系统地纳入中国高速铁路从设计理念、技术装备到关键参数的成功经验、主要创新成果和优势技术，彰显了我国铁路在国际标准化组织中的话语权和影响力。

2022年7月10日，中央电视台新闻频道对UIC《高速铁路设计　基础设施》发布实施进行了专门报道，7月19日，中央电视台中文国际频道、新闻频道对 UIC《高速铁路设计　基础设施》《高速铁路设计　供电》发布实施进行了专门报道，既是对我国主持编制的《高速铁路设计》系列标准的认可，更是对中国高速铁路标准国际化工作的高度肯定。

图 23　中央电视台报道《高速铁路设计》系列标准

（此案例由国家铁路局提供。）

案例 3　公路工程标准助力孟加拉国吉大港卡纳普里河底隧道建设

孟加拉国吉大港卡纳普里河底隧道项目（又名邦戈邦都国父隧道）位于吉大港市郊区卡纳普里河入海口位置，连接卡纳普里河东西两岸。项目路线全长 9.3 公里，采用中国标准设计，设计车速 80 公里/时，双向 4 车道，单个车道宽度 3.65 米，结构设计基准期为 100 年。隧道主体工程长度为 3315 米，设置大桥 1 座 727 米，路基段 5341 米，涵洞 26 道，东岸设收费站及房建附属设施，业主为孟加拉国大桥局（BBA），项目 2017 年 12 月 5 日开工，建设期为 5 年。

图 24　孟加拉国吉大港卡纳普里河底隧道项目

项目技术难度大、专业性强。项目团队积极应对国际专家提出的各种问题，先后解决了“海底工程混凝土耐久性、地震液化、盾构隧道管片防水、隧道防洪”等一系列盾构施工重大难题。项目采用“冻结法”进行联络隧道施工，项目部进行联络通道原状土取土，运送回国内并委托国内高校进行了冻土试验，通过对冻结参数的研究，进一步优化冻结设计。项目大力推进智慧工地建设，将信息化赋能隧道施工管控，可通过项目部门户网站查询施工现场进展。项目部建立盾构视频监控中心，并采用北斗卫星导航系统对隧道内工作人员及车辆配置定位装置。中国标准、中国设计得到业主及国际专家的一致认可。

中孟两国领导人高度重视该项目建设。2016 年 10 月 14 日，习近平总书记与孟加拉国哈西娜总理共同为本项目揭牌并见证贷款协议签署。2019 年 2 月 24 日，哈西娜总理亲临项目现场参加盾构始发仪式。2023 年 10 月 28 日举办了通车典礼，哈西娜总理为隧道通车揭牌，随后乘车作为通行“头车”驶过隧道。

吉大港卡纳普里河底隧道项目是中国企业承建的首个海外大直径水下盾构隧道项目，作为“中孟印缅”经济走廊的重点一环，该项目的建设大大改善了吉大港市交通条件，推动当地“一城两镇”发展模式，带动孟加拉国与周边国家的互联互通，促进孟加拉国国际化发展水平提升。

（此案例由交通运输部公路局提供。）

案例 4　标准化推动中国民航全方位参与新型国际民航治理体系建设

近年来，民航局高度重视标准国际化工作，在特性拦阻材料、无人驾驶航空器运行管理等方面，积极主持制定国际标准，推动中国技术融入国际标准体系，不断提升民航领域国际话语权和主导权。标准化成为我国全方位参与新型国际民航治理体系建设的重要手段。

由我国牵头的首个民航领域 ISO 标准《无人驾驶航空器交通管理服务提供方与用户间接口》（ISO 23629-9:2023），于 2021 年 10 月 10 日获得国际标准化组织航空航天器技术委员会无人机系统分技术委员会（ISO/TC20/SC16）投票通过，美国、加拿大、英国、日本、德国、俄罗斯等国家均表示赞成，实现中国民航标准国际化的重大突破。该标准规范了无人驾驶航空器服务提供方与交通管理体系各参与方之间的信息交互规则，实现了我国在民用无人驾驶航空器交通管理领域国际规则制定的重要突破。

图 25　攀枝花机场 EMAS 实景图

图 26　我国专家赴西班牙马德里进行国际标准意见陈述

特性材料拦阻系统（Engineered Material Arresting System，EMAS）是国际公认的能够有效降低飞机冲出跑道风险的技术手段。我国民航科研单位成功研发了国内首套具有完全自主知识产权的 EMAS，打破了国外对此技术的长期垄断，成为世界上继美国之后第二个取得政府民航主管机构批准的特性材料拦阻系统。民航局积极推进EMAS的推广应用和标准制定，发布民航行业标准《特性材料拦阻系统（EMAS）》（MH/T 5111—2015）。该标准是全世界第一部EMAS技术标准，民航局组派多名专家加入国际民航组织（ICAO）飞机拦阻系统工作组（AASWG）承担技术顾问等职务，积极参与标准国际化工作。2021年8月，《特性材料拦阻系统（EMAS）》被ICAO在第四版《机场设计手册》飞机拦阻系统详细技术标准中正式引用，为国际民航安全发展贡献了中国技术。

（此案例由中国民用航空局提供。）

案例5　邮政业国家标准为万国邮联地理编码框架提供中国方案

近年来，我国邮政快递业保持良好发展态势，快递业务量连续9年位居世界第一，中国快递已成为一张靓丽的中国名片。但邮政快递企业各自使用不同编码，码与码之间格式不同、内容不同，相互之间不能共享共用，给生产作业带来诸多不便，寄递用户普遍使用文本地址下单，地址错误、一址多名等问题难以从根本上解决。为此，国家邮政局组织制定了《通用寄递地址编码规则》，以满足推动邮政快递业高质量发展、服务经济社会发展的客观需要。

2022年10月12日，国家标准《通用寄递地址编码规则》（GB/T 41832—2022）批准发布，自2023年2月1日起实施。作为国家重点研发计划“全球位置框架与编码系统”的重要研究成果，标准发布实施首次实现全行业地址信息及编码体系的统一，有利于解决各寄递企业编码不一、维护成本高、无法共享的问题，推动实现共同收寄、分拣、配送；有利于方便用户下单、提升用户体验，对于帮助快递小哥实现路径优化和位置导航具有辅助作用。通用寄递地址编码在福州市仓山区、鼓楼区、闽侯县和芜湖市南陵县等地开展了应用试点，在试点区域实现了地址赋码、基础寄递和无人化配送等功能，取得良好成效。

与此同时，我国积极在国际上分享邮政标准技术成果与应用经验。2023 年 11 月 2 日，在瑞士万国邮联总部召开的“2023 地址与 GIS 整合邮政论坛”上，中国代表团作了《中国通用寄递地址编码的研发与应用》的报告，引起万国邮联成员国关注，以中国寄递地址方案为基础形成万国邮联地理编码框架方案的建议已经被万国邮联初步采纳。

图 27　基于邮政业国家标准的寄递地址编码示例

（此案例由国家邮政局提供。）

（二）标准服务国家重大战略实施

案例 6　长三角区域标准助力打好船舶水污染防治攻坚战

为贯彻落实长三角一体化发展国家战略，协同建设一体化综合交通运输体系，长三角三省一市交通运输和市场监督管理主管部门构建了长三角交通运输标准一体化建设体制机制，由江苏省交通运输厅牵头，组织相关单位联合研究编制了长三角区域地方标准《船舶水污染物内河接收设施配置规范》（DB31/T 31001—2020、DB32/T 31001—2020、DB33/T 31001—2020、DB34/T 31001—2020），标准由三省一市的交通运输主管部门联合市场监督管理局统一立项、联合编制、统一审查、统一发布，于2021年3月3日实施。

图28　长三角区域船舶水污染物内河接收设施

标准规定了长三角通航水域的内河货运港口码头、水上服务区、船闸等区域船舶水污染物岸上接收设施和流动接收船的配置要求，为长三角三省一市配置接收设施提供了依据，并已得到广泛应用。目前，江苏省已按标准配备接收设施11930套、多功能接收车/船712艘/辆，同时建设了智能船舶垃圾接收柜55套，船舶生活污水/含油污水接收固定设施3套、移动接收车25辆；上海市对照标准要求，完善了多功能船舶污染物接收船覆盖范围；浙江省、安徽省新建船舶污染物接收设施均依据标准建设，部分建成设施根据标准要求进行提升。

作为长三角区域交通运输标准一体化建设的首项区域性地方标准，该标准是贯彻习近平总书记关于长江保护的重要指示精神、落实《中华人民共和国长江保护法》和推动建立健全船舶和港口污染防治长效机制的重要举措。标准的发布实施提高了长三角区域船舶水污染物接收设施的配置水平，提升了区域水生态质量，为长三角港航更高质量一体化发展提供了有力支撑。

（此案例由上海市交通委员会、江苏省交通运输厅、浙江省交通运输厅、安徽省交通运输厅提供。）

案例 7　长三角区域标准助推省际毗邻公交服务提升

为深入贯彻落实习近平总书记关于长三角一体化发展重要指示和长三角区域一体化国家战略决策部署，充分发挥长三角一体化交通先行的作用，提升长三角毗邻地区公交客运服务水平，江苏省交通运输厅会同上海市、浙江省、安徽省交通运输主管部门，组织有关单位编制了长三角区域地方标准《长三角省际毗邻公交运营服务规范》（DB31/T 310012—2022、DB32/T 310012—2022、DB33/T 310012—2022、DB34/T 310012—2022）。该标准明确了毗邻公交的定义，从线路设置、车辆运营、场站建设、运营调度、能力提升、安全生产、服务监督等 11 个方面提出毗邻公交的运营要求，并设计了长三角省际毗邻公交客运标识，促进毗邻公交规范化、特色化发展。

标准为长三角省际毗邻公交提供运营依据。截至目前，长三角地区已开通省际毗邻公交 90 余条，惠及长三角一体化示范区、南京都市圈、淮海经济区以及“三省六县”地区，16 个地市，42 个毗邻县级节点。其中上海、江苏苏州、浙江嘉兴间开通毗邻公交 41 条，南京都市圈开通 17 条，淮海经济区开通 9 条，“三省六县”地区开通 9 条。省际毗邻公交市级节点覆盖率已超过 76.2%，县级节点覆盖率近 73.6%。

同时，标准还为江苏省省内毗邻县（市、区）公交提供参考，目前江苏省省内毗邻县（市、区）公交共开行180余条，覆盖全省90个毗邻县（市、区）节点对，毗邻县（市、区）公交通达率达65%，为推动全省公交客运成网奠定基础。

图29　平湖3195路公交车喷涂了长三角省际毗邻公交统一标识

（此案例由上海市交通委员会、江苏省交通运输厅、浙江省交通运输厅、安徽省交通运输厅提供。）

案例8　成渝区域标准助力智慧公路协同发展

为贯彻落实成渝地区双城经济圈重大战略部署，重庆市交通运输委员会、四川省交通运输厅加强合作，坚持以科技合作为先导，积极推动交通运输领域成渝区域标准建设，将《智慧高速公路》系列标准作为首批合作项目，构建了整合资源、联合研发、成果共享的合作机制，整合两地交通运输大型企业、科研院所、高等院校等科研资源，组成“产学研”一体化技术队伍，同步开展交通科技研发和标准制定，为交通运输行业创新发展提供成渝方案。

2021年12月1日，重庆市、四川省市场监管局联合召开成渝区域标准发布会，《智慧高速公路》系列标准作为首批成渝区域性地方标准获批发布。系列标准是两地交通运输主管部门贯彻落实《交通强国建设纲要》《成渝地区双城经济圈建设规划纲要》的重要举措，共分为4个部分，围绕总体技术要求、智慧化分级、路侧设备布设要求和车路协同系统数据交换，解决了智慧高速公路“是什么”“建什么”“怎么建”和“怎么用”的实际问题，助力两地交通智慧升级，为推动成渝地区双城经济圈交通运输高质量协同发展注入新动能，为全国智慧交通发展提供可复制、可借鉴的成熟案例。

图30　《智慧高速公路》系列标准发布会

标准发布以来，两地交通运输主管部门积极强化标准实施，四川成宜高速公路全线157公里均按照标准建设，并已建成通车，全线实现准全天候通行；成都第二绕城高速公路已建成全省第一条8公里车路协同试验路段，实现5G信号覆盖；重庆G5021石渝高速公路涪陵至丰都双向128公里车路协同示范段已建成并投入试运营，重庆两江新区车联网先导区累计完成30.7公里车路协同道路升级，改造路口55个，搭建区域性云控平台2个，有力支撑了车联网道路及场景建设。下一步，两地将继续以标准化为抓手，推动标准在渝蓉高速公路、渝湘高速公路部分路段智慧化提升建设中推广应用，支撑成渝智慧高速公路建设。

（此案例由重庆市交通运输委员会、四川省交通运输厅提供。）

案例 9　湾区标准引领港珠澳大桥高水平智能运维

港珠澳大桥是粤港澳三地首次合作共建共管的跨海集群工程，其运营维护面临着长寿命保障、复杂系统养护、重大设施安全运营及海洋环境绿色环保等挑战。现有运维技术标准存在诸多局限，无法满足大桥 120 年高水准运行和智能化技术升级需求，亟需通过构建全新的智能运维标准体系引领运维多源大数据协同互联，实现运维数字化和智能化转型。

图 31　港珠澳大桥

港珠澳大桥坚持标准化引领科技创新，有序开展标准化建设，形成了“标准化引领工程建设、转化输出标准化成果并示范应用、持续迭代升级标准化水平”的全寿命周期标准化工作模式。建成运营后，港珠澳大桥管理局为攻克跨海重大交通基础设施运维技术瓶颈，示范交通行业人工智能和新基建技术落地应用，构建了“桥岛隧智能运维数据标准体系”，涵盖建设指南及通用基础、交通基础设施结构、维养业务、运营业务、智能化支撑和信息模型 6 大类共 36 项标准，为运维信息大数据建立了统一的交换标准，确保了多源大数据间的协同互联，为真正实现物理大桥到数字大桥的映射提供了技术依据。

目前，桥岛隧智能运维数据系列标准已应用于交通运输领域新型基础设施重点工程“粤港澳跨海智慧通道工程”，标准体系中的《桥岛隧智能运维数据标准体系 建设指南》（T/GBAS 0001）等12项标准已纳入首批“湾区标准”[1]发布，8项标准已通过“湾区标准”技术审查。以标准为引领，下一步将大力推动科研成果标准化、产业化，为交通强国建设和粤港澳大湾区高质量发展提供有力支撑。

（此案例由广东省交通运输厅，港珠澳大桥管理局提供。）

案例10 小交通量农村公路标准助力“四好农村路”高质量发展

“四好农村路”是习近平总书记亲自提出、亲自推动的一项重大民生工程、民心工程、德政工程。党的十八大以来，总书记高度重视农村公路发展，在关于农村公路发展情况的报告上作出重要批示，充分肯定农村公路建设取得的成绩，要求农村公路建设要因地制宜、以人为本，与优化村镇布局、农村经济发展和广大农民安全便捷出行相适应，进一步把农村公路建好、管好、护好、运营好，逐步消除制约农村发展的交通瓶颈，为广大农民脱贫致富奔小康提供更好的保障。为此，交通运输部公路局组织有关单位制定了《小交通量农村公路工程技术标准》（JTG 2111—2019）和《小交通量公路工程设计规范》（JTG/T 3311—2021），初步形成了小交通量农村公路技术标准体系。

小交通量农村公路技术标准体系科学地把握了全国各地区域环境和工程特点，遵循因地制宜、安全可靠、经济环保、节约资源的原则，严格控制农村公路建设的安全和质量问题，形成了与现阶段农村公路发展相适应的技术标准，促进农村公路覆盖范围、通达深度、服务能力、质量安全水平显著提升。

标准颁布实施在全国引起了很大的反响，使得受限地区农村公路

---

[1] “湾区标准”全称粤港澳大湾区共通执行标准，是为满足粤港澳大湾区经济社会高质量发展需求，经粤港澳大湾区利益相关方共商确认，在粤港澳大湾区实施的各类标准的总称。

的建设有据可依，提升了农村公路的建设质量。2018 年标准发布前，我国农村公路每年里程增长约 4 万～5 万公里❶，标准发布后，2019 年农村公路里程新增 16.08 万公里❷，2020 新增 18.18 万公里❸，2021 年新增 8.37 万公里❹。截止到 2022 年底，农村公路总里程达到 453.14 万公里❺，对农村地区的实际经济带动效益巨大，让各地“四好农村路”建设步入了良性轨道，农村公路串街联乡、通山入林，让农业更繁荣、农村更美丽，让广大农民群众享受到实实在在的实惠便利，为实施乡村振兴战略提供了有力保障。

图 32　小交通量农村公路

（此案例由交通运输部公路科学研究院提供。）

案例 11　美丽农村路地方标准助推河南农村路提档升级

美丽农村路是乡村振兴战略在农村交通领域的集中展现。为提高“四好农村路”服务水平，河南省在农村公路系统开展“美丽农村路”创建活动，促进文明示范路提档升级，以发挥标杆和示范作用，促进农村公路建管养运全面协调发展。在此背景下，河南省交通运输厅组

❶《2018 年交通运输行业发展统计公报》，交通运输部网站，2019 年 4 月 12 日。
❷《2019 年交通运输行业发展统计公报》，交通运输部网站，2020 年 5 月 12 日。
❸《2020 年交通运输行业发展统计公报》，交通运输部网站，2021 年 5 月 19 日。
❹《2021 年交通运输行业发展统计公报》，交通运输部网站，2022 年 5 月 25 日。
❺《2022 年交通运输行业发展统计公报》，交通运输部网站，2023 年 6 月 16 日。

织有关单位编制了地方标准《美丽农村路建设指南》（DB41/T 1935—2020）、《美丽农村路评定规范》（DB41/T 2114—2021），形成了美丽农村路建设评定成套标准体系。

标准发布实施为河南省美丽农村路创建提供了“模板”和技术支撑，在规范指导“美丽农村路”建设，切实发挥好“美丽农村路”建设的示范作用，满足农村公路“建好、管好、护好、运营好”的要求，提升全省农村公路畅通、安全、舒适水平等方面发挥了重要作用。在标准指引下洛宁县 X045 上胡线等 9 条路段被评为“美丽农村路”，里程共计 149.9 公里。通过“美丽农村路”示范引领，促进交通建设与乡村旅游、美丽乡村建设的融合发展，为改善城乡客运和农村物流条件提供了基础支持和保障，为实施乡村振兴战略、推动农民脱贫致富和加快农业农村现代化提供交通运输支撑。

图 33　河南省农村公路绿色廊道

（此案例由河南省交通运输厅提供。）

（三）标准推动综合交通运输融合发展

案例 12　标准支撑高质量构筑综合客运枢纽体系

为满足现代综合交通枢纽体系建设需求，提升交通运输效率，推进综合客运枢纽一体化规划建设和可持续发展，交通运输部组织全国综合交通运输标准化技术委员会编制了行业标准《综合客运枢纽设计规范》（JT/T 1453—2023），从设计源头上推广标准化一体化思路。

标准为国内各类型综合客运枢纽的一体化可持续发展提供了有效的技术依据和规范准则，通过标准化设计，可实现各交通运输方式的顺畅衔接，进一步提高出行效率，改善了传统枢纽系统性不强、功能衔接不畅、换乘体验不够好和综合服务不够完善的问题，强调了公共空间和换乘系统一体化设计的完整性和系统性。

标准在衢州西站综合枢纽和宜昌北站综合枢纽等项目建设中得到了充分的应用和体现。衢州西站综合枢纽项目打破传统高铁站房的布局模式，将高铁站房与配套建设的综合交通枢纽形成“T”字形整体布局，车站与城市交通无缝衔接。通过“城市客厅”及“交通换乘中心”的导入，利用竖向交通光庭将铁路、机场快线云轨、公交 BRT、市区长途客车等流线高效连接，实现各类交通的“零换乘”。宜昌北站综合枢纽强调站房与站前综合交通枢纽统筹考虑，各类市政交通设施就近布置在站前广场换乘便捷，在保证功能和空间舒适度的前提下，采用低能耗建筑设计，减少环境负荷，降低建造和运营成本。

图 34　衢州西枢纽交通换乘光庭

综合客运枢纽在我国处于快速发展阶段，在大量建设实践中会不断发现新模式、新理念和新方法，本标准的发布实施及时总结和反映了当代中国综合客运枢纽最新需求，为枢纽高质量发展和满足人民群众更高的出行要求打好基础。

（此案例由全国综合交通运输标准化技术委员会提供。）

案例13　标准助推客货邮深度融合发展

2021年，国务院办公厅出台《关于加快农村寄递物流体系建设的意见》（国办发〔2021〕29号），鼓励邮政、快递、交通、供销、商贸流通等物流平台加快推广农村寄递物流共同配送模式，有效降低农村末端寄递成本；鼓励各地区合理配置城乡交通资源，完善农村客运班车代运邮件快件合作机制。各有关单位认真落实文件精神，积极推进农村客运车辆搭载邮件快件，推动农产品进城、工业品下乡，取得了良好成效。但是，在合作过程中，部分邮件快件服务时限受到影响、搭载作业不规范存在安全隐患等问题时有发生。

为此，国家邮政局组织制定行业标准《邮件快件农村客运车辆搭载作业要求》（YZ/T 0192—2023），于2023年8月发布。标准规定了邮政快递企业利用农村客运车辆搭载邮件快件作业的搭载条件、线路选择、车辆选择、交接点设置和交接要求，以及搭载邮件快件上行下行和异常处理等作业要求。标准发布实施对有效保障寄递作业和人员安全，推进“交邮、交快”合作更加顺畅高效发挥了重要作用。截至目前，“客货邮”融合发展成效明显，累计开通交邮联运邮路3138条，覆盖3517个乡镇，3.7万个建制村，有力推进了农村寄递物流体系建设，助力乡村振兴。

图 35　客货邮物流站点和寄递共配中心

（此案例由国家邮政局提供。）

案例 14　标准助推铁邮合作高效顺畅

铁路运输具有规模化、准时化、绿色化、集约化、安全化的服务优势，在邮政快递业运输组织上具有重要作用。邮政企业、快递服务组织与铁路运输企业均依据各自规章制度和操作要求进行邮件快件运输交接，既有作业方式和操作流程无法满足标准化和高效化的运输需求。在此背景下，交通运输部、国家铁路局、国家邮政局组织相关单位编制了行业标准《邮件快件铁路运输交接操作要求》（JT/T 1387—2021）。

标准规定了邮件快件铁路运输交接操作的总体要求、国内邮件快件交接流程、国际邮件交发流程、信息系统、异常情况处理的要求，适用于邮政企业和快递服务组织与铁路运输企业之间的国内邮件快件、国际邮件铁路运输交接操作。标准鼓励运输时采用可循环使用的邮袋、循环箱、集装袋、集装笼等容器存放邮件快件，集装容器宜使用电子标签，推动邮件快件铁路运输更加绿色集约。在推动设施设备自动化应用方面，标准鼓励使用适用型自动装卸设施，加快实现机械化，推动作业组织规模化。

标准发布实施为相关的运输组织交接操作提供了技术支持，有助于引导邮政、快递服务组织在利用铁路运输时合规操作，提高运输衔接效率，切实提升利用综合交通运输资源的范围和程度。目前，邮政企业利用高铁确认车、载客列车、预留车厢等运力资源开通高铁邮路百余条，涉及百余条路向，并利用班列和行李车资源开通行李车邮路90余条。快递服务组织联合铁路运输企业开发的高铁合作线路超过千余条，涉及500余条路向，使用高铁车次千余列，日均货量百余吨；构建了覆盖北上广深一线城市的四对八列特快班列网络，日均发货量百余吨。中国邮政利用中欧班列运输的“国际邮件”已按照标准要求加强与铁路运输企业在交接操作上的标准化，形成中欧班列常态化邮件快件运输，已开通“渝新欧”“郑新欧”等多条运输线路。

图36　高铁助力邮件快件运输

图37　邮政企业利用行李车资源运送邮件快件

（此案例由全国综合交通运输标准化技术委员会提供。）

（四）标准支撑新型交通基础设施建设

案例15　国家标准保障高速公路“高精一张图”顺利推进

2021年8月，交通运输部印发《交通运输领域新型基础设施建设行动方案（2021—2025年）》（交规划发〔2021〕82号），将基础设施全要素、全周期数字化作为建设目标，提升公路智慧化服务水平。交通运输部组织全国智能运输系统标准化技术委员会制定了系列国家标准《智能运输系统　智能驾驶电子道路图数据模型与表达》（GB/T 42517.1—2023、GB/T 42517.2—2023），进一步明确和统一了车道级高精度电子道路图的表达要求、精度要求等指标内容，为构建高精度交通地理信息平台，加快各领域建筑信息模型技术自主创新应用提供了标准支撑。

标准发布实施有力地推动了高速公路“高精一张图”建设。广东高速公路“高精度数字底座”项目依据该标准进行实施，重点开展精细化数据采集与融合治理、高精度数字化资源服务引擎集成以及支撑资产管理、养护管理、应急指挥调度、路网服务等“一张图”应用，建设对接车路协同、自动驾驶等创新应用的高速公路数字化资源服务开放平台，现已完成了1.12万公里高精地图、超百万个三维高精数字资产，形成了“高精度地图＋高质量行业数据＋统一地图服务入口”的高精地图底座，初步建成了广东省数字孪生公路体系。在加快建设交通强国的背景下，“高精一张图”有望成为驱动全国交通运输高质量发展的新力量。

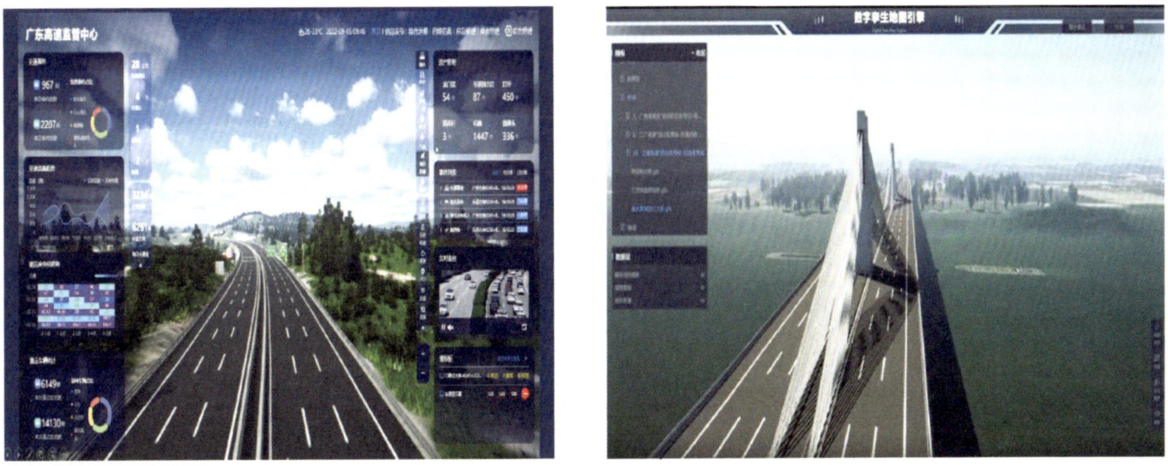

图38　广东高速公路高精度数字底座

（此案例由全国智能运输系统标准化技术委员会提供。）

案例 16　民航标准创新基地推进 5G 行业应用标准化

针对在中国民航推广和应用航空 5G AeroMACS 技术，服务于智慧民航建设，民航国家技术标准创新基地建立了民用航空电子领域标准创新工作机制，组建了民用航空电子领域标准化工作领导小组、北斗与航空 5G 民航应用标准技术委员会，及 5G AeroMACS 等七个专业工作组。

5G AeroMACS 工作组研究提出了航空 5G AeroMACS 标准体系架构和标准建设规划。计划自 2023 年至 2025 年，从建设标准、技术与设备、运行系统和运行规范等方面组织院校、空管单位和机场共同编写航空 5G AeroMACS 相关行业标准；同时，为国际民航组织通信专家组（CP-DCIWG）下设的移动通信工作组（WG-M）提供持续技术支持，为 5G AeroMACS 标准成为国际民航标准贡献中国民航智慧。

2023 年，5G AeroMACS 工作组提交了包括《航空 5G AeroMACS 网络建设与配置规范》《航空 5G AeroMACS 地面终端技术要求》《基于航空 5G AeroMACS 的场面滑行引导技术要求》和《基于航空 5G AeroMACS 的车辆协同运行技术要求》等 8 个技术标准的标准草案，计划在 2024 年发布。

图 39　北斗与航空 5G 民航应用标准技术委员会开展标准研讨

（此案例由中国民用航空局提供。）

案例 17　标准化试点推动港口智慧绿色高质量发展

为贯彻落实习近平总书记关于“经略海洋”“建设世界一流的海洋港口”“努力打造世界一流的智慧港口、绿色港口”重要指示精神，山东港口青岛港持续推进智慧、绿色港口建设，以“标准化 +”战略为抓手，于 2022 年 12 月开展了智慧绿色港口国家级服务业标准化试点。通过完善智慧绿色港口服务标准体系，推进港口装卸服务、作业自动化、数据交换、节能降碳、运行管理等重点领域 37 项标准有效供给，加大标准实施监督力度，创建了“标准化 + 港口服务”的智慧绿色青岛港模式，积极打造港口服务“青岛港智慧绿色样板”。

图 40　山东港口青岛港智慧绿色港口装卸服务

标准化试点工作开展以来，取得了显著成效，积累了丰富的标准化经验。一是强化标准化管理和运行机制建设。注重顶层设计，设立标准化委员会和日常工作机构，进一步优化完善《青岛港集团标准化管理办法》《青岛港集团标准化监督评价规范》等制度，建立完善的标准化管理体系，引领青岛港标准化工作。二是构建智慧绿色港口服务标准体系。聚焦港口服务全流程，突出青岛港智慧绿色港口服务特点，建立涵盖港口服务通用基础、服务提供、服务保障等方面的青岛港智慧绿色港口服务标准体系。三是加强科技创新与标准化的有机衔接，推动共性技术成果的标准转化应用。联合交通运输部科学研究院推动山东省自动化集装箱码头关键技术标准创新基地建设，在智慧港口、绿色港口领域，对先进技术和好的经验做法进行总结提炼，研制了一批具有示范引领作用的标准，主持参与国家标准 11 项、行业标准 4 项、地方标准 6 项、团体标准 23 项。四是增强标准化对青岛港一体化运营管理模式的重要支撑。依托标准化试点建设，基于发展战略构建融合质量、环境、安全、合规、资产、内控等管理体系的一体化运营管理模式，优化管理流程，增强了企业的创新能力和质量效益。五是为行业打造标准化试点样板。先行先试，将全员、全域、全系统的企业标准建设全面融入并高效助力企业改革发展和生产经营全过程，构建包含自动化码头建、管、运、营全流程的标准体系，为全国智慧、绿色港口标准化建设提供最佳生动实践。六是以标准化为平台积极开拓国际合作与交流渠道。承办 2023 青岛国际标准化大会标准化现代绿色港航平行分会，加强与国际标准化组织（ISO）、国际港口协会（IAPH）、亚太港口服务组织（APSN）、全球航运业务组织（GSBN）等国际组织联系，助力“中国港口标准”推向世界。

（此案例由山东省交通运输厅提供。）

案例 18　测试分级标准助力打造自动驾驶赛道“新标尺”

在加快建设交通强国、数字中国的指引下，为推动自动驾驶技术的加速迭代成熟和规模化落地应用、促进智慧交通体系建设，上海市交通委员会联合公安局交通交警总队、经济和信息化委员会等单位，编制了上海市地方标准《自动驾驶开放测试道路环境分级规范》（DB31/T 1264—2020），提出了面向自动驾驶汽车测试的道路环境复杂度评估与分级方法，涵盖了道路等级与道路平整度、智慧融合道路基础设施等道路设施要素、交通流量与车速等交通要素、机非冲突等交通参与者要素、气候环境要素等四大类58个要素，有效保障了自动驾驶道路测试安全。

标准在统筹布局自动驾驶测试道路、有效保障自动驾驶测试安全、升级迭代自动驾驶核心技术、标准化引领促进规模化应用、加速助力自动驾驶产业落地等方面成效显著。标准创新成果支撑了《上海市智能网联汽车测试与应用管理办法》（上海市人民政府令2021年第60号）、《上海市智能网联汽车测试与示范实施办法》（沪经信规范〔2021〕3号）、《上海市道路交通自动驾驶开放测试场景管理办法〈试行〉》（沪交科函〔2020〕305号）等政府规章和管理办法的发布。截至2022年12月底，标准直接指导了上海累计开放926条、1800公里道路，基本实现嘉定464平方公里和临港386平方公里区块全域开放，可测场景达15000个。在上海、河南、山西、安徽等12个省市得到了推广应用，并输出到国际，在瑞典哥德堡得到应用。

图41　自动驾驶智能集卡道路测试

标准为“安全有序、科学合理、风险可控”地推进上海市智能网联汽车创新发展提供了技术支撑和决策依据，助力上海引领全国智能网联汽车创新发展，入选2023年度“上海标准”[1]。

---

[1] “上海标准”是《上海市标准化条例》所提出的标识制度，经评定符合国内领先、国际先进要求，可以在标准文本上使用“上海标准”标识，旨在增强高水平标准标识度和提升国际影响力。

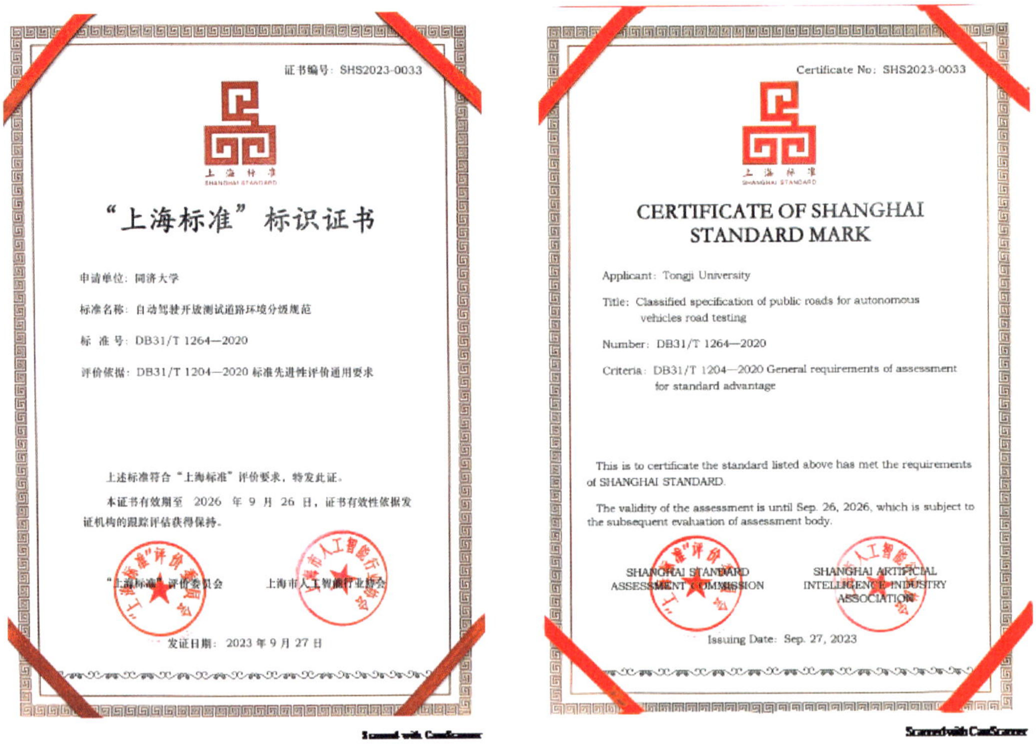
证书编号：SHS2023-0033

上海标准 SHANGHAI STANDARD

"上海标准"标识证书

申请单位：同济大学

标准名称：自动驾驶开放测试道路环境分级规范

标 准 号：DB31/T 1264—2020

评价依据：DB31/T 1204—2020 标准先进性评价通用要求

上述标准符合"上海标准"评价要求，特发此证。

本证书有效期至 2026 年 9 月 26 日，证书有效性依据发证机构的跟踪评估获得保持。

"上海标准"评价委员会　上海市人工智能行业协会

发证日期：2023 年 9 月 27 日

Certificate No：SHS2023-0033

上海标准 SHANGHAI STANDARD

CERTIFICATE OF SHANGHAI STANDARD MARK

Applicant：Tongji University

Title：Classified specification of public roads for autonomous vehicles road testing

Number：DB31/T 1264—2020

Criteria：DB31/T 1204—2020 General requirements of assessment for standard advantage

This is to certificate the standard listed above has met the requirements of SHANGHAI STANDARD.

The validity of the assessment is until Sep. 26, 2026, which is subject to the subsequent evaluation of assessment body.

SHANGHAI STANDARD ASSESSMENT COMMISSION　SHANGHAI ARTIFICIAL INTELLIGENCE INDUSTRY ASSOCIATION

Issuing Date：Sep. 27, 2023

图 42　“上海标准”标识证书

(此案例由上海市交通委员会提供。)

(五) 标准夯实绿色、安全发展基础

案例 19　溢油风险评估与应急管理标准保障船舶污染应急能力建设

随着航运持续稳定发展，水上油品运输量逐年增加，船舶呈大型化趋势，我国水域面临极大的溢油污染风险。国务院《防治船舶污染海洋环境管理条例》及其配套制度实施以来，交通运输海事主管部门持续强化船舶污染防治工作，积极开展船舶污染应急能力建设技术研究和实践，在此基础上，交通运输部组织交通运输航海安全标准化技术委员会开展了一系列标准研究制定工作，《船舶溢油应急能力评估导则》(JT/T 877—2013)、《船舶污染清除单位应急清污能力要求》(JT/T

1081—2016)、《水上溢油环境风险评估技术导则》（JT/T 1143—2017)、《港口码头水上污染事故应急防备能力要求》（JT/T 451—2017）和《船舶污染应急设备库运行管理规范》（JT/T 1345—2020）等5项标准为我国初步构建了一套完整的溢油风险评估与应急管理标准体系。

标准发布后即得到了广泛应用。目前，各地在制定水上溢油应急能力发展规划时，已采用了系列标准所规定的溢油风险和应急能力评估方法，并在环境影响评价领域得到了应用拓展。社会上100余家船舶污染清除单位应用《船舶污染清除单位应急清污能力要求》对自身应急能力进行评估和开展能力建设，港口、码头、装卸站等按照《港口码头水上污染应急防备能力要求》开展应急防备能力评估和建设工作。《船舶污染应急设备库运行管理规范》已作为国家船舶溢油应急设备库进行设备、人员管理的基本参考。山东海事局根据标准制定了设备库管理实施细则，对辖区内的国家船舶溢油应急设备库进行管理和维护。同时，系列标准也被交通运输部海事局作为每年巡检管理的重要技术依据。

图43　水上溢油应急处置现场作业

图44　烟台溢油应急技术中心设备库设备分类存储

（此案例由交通运输航海安全标准化技术委员会提供。）

案例20　光伏标准助力山东高速公路绿色低碳发展

优化能源结构，推进可再生能源、清洁能源应用是交通运输行业落实国家碳达峰碳中和工作的重要举措。近年来，全国各地高速公路运营企业在高速沿线服务区、匝道圈、收费站等区域积极开展了光伏项目建设探索。为规范和引导公路边坡光伏资源的开发利用，山东省交通运输厅、山东省公安厅组织有关单位编制了地方标准《高速公路边坡光伏发电工程技术规范》（DB37/T 4516—2022），标准于2022年6月20日发布实施，并在2022年10月13日召开的交通强省建设重点省级地方标准新闻发布会上进行重点推介。

标准综合考虑了高速公路边坡的安全、环保、美观、效益等因素，规范了边坡光伏发电工程的基本规定、项目选址、技术要求、施工交通组织、监控测量、环境保护与水土保持等。依据标准开展的工程项目建设，通过优化设备选型，引入重量轻、可折弯的柔性组件及柔性支架，比常规组件重量降低75%，桩基数量减少50%，可实现自清洁，有效降低二次伤害和触电、火灾风险；按照涉路技术评价要求，提升500米试验路段护栏等级；选用带故障自动关断功能逆变器等，加强安全防护。

依据该标准，山东高速集团已在荣乌高速公路荣成至文登段南侧边坡建设边坡光伏发电工程示范项目，装机容量2.01兆瓦。截至2022年10月底，累计实现发电量244万千瓦时，减排二氧化碳0.22万吨，节约标准煤732吨。预计运行期25年内，可累计实现发电量5525万千瓦时，节约标准煤1.66万吨，减排二氧化碳5.03万吨。据测算，山东高速集团所辖省内高速公路边坡光伏最大建设容量约170万千瓦，全部建成后，年均发电量可达18.7亿千瓦时，年节约标准煤56.1万吨，年减排二氧化碳170万吨。按照目前光伏发电上网电价为0.3949元/千瓦时，预计年均可产生电费收入7.38亿元。

图 45　G18 荣乌高速公路威海边坡光伏项目 4 号段

（此案例由山东省交通运输厅提供。）

案例 21　快递电子运单标准让个人信息更安全

2021 年 11 月，《中华人民共和国个人信息保护法》正式施行，对个人信息保护作出了全面规定。快递电子运单作为记录用户寄递行为的信息载体，由此产生的大量寄递数据，给个人信息保护带来挑战。为更好保障寄递服务用户个人信息安全，国家邮政局组织制定国家标准《快递电子运单》（GB/T 41833—2022），进一步规范快递电子运单的生产、使用和检测，更好地满足寄递用户个人信息保护和快递业绿色环保发展需要。该标准于 2022 年 10 月 12 日发布，自 2023 年 2 月 1 日起实施。

国家标准《快递电子运单》设立专门章节，强化个人信息保护内容。主要包括：一是禁止显示完整的个人信息。快递企业、电子商务经营主体等应采取措施，避免在电子运单上显示完整的收寄件人个人信息。收寄件人姓名应隐藏 1 个汉字以上，联系电话应隐藏 6 位以上，地址应隐藏单元户室号。二是推荐对个人信息进行全加密处理。快递企业、电子商务经营主体等宜采用射频识别、电子纸等技术手段，对快递电子运单上的个人信息进行全加密处理。三是规范个人信息相关内容的读取权限。快递电子运单上隐藏的、加密的信息内容，仅限于快递企业及其授权的第三方、相关管理部门，使用相关设备合法读取。

目前，寄递企业正在加快实施《快递电子运单》，推广应用隐私运单，通过加密处理等技术手段，给快递个人信息加把“安全锁”。截至2023年9月，除法律法规另有规定及用户特殊要求以外，全行业隐私运单日均使用量突破2.5亿单，基本实现快件隐私运单“应用尽用”目标。

图46　快递隐私运单

（此案例由国家邮政局提供。）

案例22　行业标准推动高速公路运营管理及安全水平提升

高速公路具有车辆速度快、通行能力大、行驶效率高、运输费用省、安全系数高等服务优势，其蓬勃发展为国民经济持续增长作出了重要贡献，也为交通强国战略提供了坚强支撑。为适应高速公路可变信息标志普遍使用和运营管理现代化需求，交通运输部组织江苏高速公路工程养护技术有限公司等单位修订了行业标准《高速公路可变信息标志信息的显示和管理》（JT/T 607—2021）。

标准将高速公路可变信息标志信息的发布形式分为文字信息、图形信息、图文信息、图像信息，发布内容分为交通状况信息、交通事件信息、公告信息和宣传信息，对高速公路可变信息标志的信息显示、信息监控、信息管理、文字信息编码方法和文字信息库等提出了要求。标准规定了文字信息字体、不同类型文字信息的显示颜色、门架式和悬臂式可变信息标志字高，以及单幅文字信息的停留时间和交替显示单幅信息的停留时间等内容。标准规定了信息编码的规则，管理者可根据规定对常用文字信息的信息库以及与具体信息结构相对应的信息进行编码。

标准的发布实施为提升高速公路可变信息标志信息的显示和管理水平提供了标准化依据，信息发布更加规范、准确、及时，具有科学性和可操作性，为高速公路可变信息标志采购、使用、运维等管理工作提供了技术支持，提升了高速公路可变信息标志的系统化管理水平。标准自 2022 年 2 月 1 日实施以来，在全国高速公路网得到贯彻和应用。以江苏省为例，江苏交通控股有限公司按照标准要求，对高速公路可变信息标志信息进行分类及运行维护，省级调度指挥中心和公司级调度指挥中心建立了可变信息标志信息发布管理办法，明确了信息采集、处理、发布、撤销、更新和保存全过程的闭环管理标准，建立了全省路网信息发布一盘棋的格局。截至 2023 年底，高速公路全路网已设置可变信息标志 1947 块，累计发布各类信息 316.67 万条，其中交通状况类信息 93.62 万条，交通事件类信息 97.93 万条，公告类信息 56.15 万条，宣传类信息 68.97 万条，为促进高速公路运营管理及安全水平的提升作出了积极贡献。

图 47　可变信息标志发布交通状况信息

［此案例由全国交通工程设施（公路）标准化技术委员会提供。］

案例 23　地方标准为四川公路桥梁安全运营保驾护航

四川省多山多水也多灾，全省 52% 区域海拔高于 3000 米，76% 区域为强震区，4.5 万余座桥梁同时面临结构自身健康状态劣化和外部灾害风险威胁。上述桥梁中约 90% 为梁式结构体系，绝大多数为中小跨径混凝土桥梁。为贯彻落实交通运输部《关于进一步提升公路桥梁安全耐久水平的意见》（交公路发〔2020〕127 号）的统一部署，完成《四川省交通强国建设试点工作任务》中关于提升交通防灾减灾体系韧性的专项任务，四川省交通运输厅组织编写了《山区公路混凝土桥梁结构安全风险监测指标体系设计与预警技术指南》（DB51/T 2794—2021）和《梁式桥结构安全监测系统实施指南》（DB51/T 3089—2023），针对在川西地区占绝大多数的混凝土梁桥和拱桥，规范了结构风险监测系统设计、施工、集成调试、交竣工验收、数据分析应用等工作，有助于保障全省公路桥梁安全风险监测系统的轻量化设计、高标准实施和高质量应用。

作为交通运输行业标准《公路桥梁结构监测技术规范》（JT/T

1037—2022）的有效补充，地方标准已为四川省高速公路及21个地市州普通国省干线路网中上百座桥结构监测系统的建设提供了技术依据。保证了桥梁结构“体检数据”全天候不间断的向“监测云平台”汇聚，为桥梁结构健康状态精准“把脉问诊”提供了坚实数据基础。进一步完善和应用标准，可稳步有序推进全省公路桥梁结构健康和安全风险监测专项行动实施，持续提升公路桥梁系统韧性和服役性能，实现公路桥梁运行安全水平和服务品质提升。

图48　新闻媒体报道创新技术赋能构建交通运输安全屏障

图49　公路桥梁结构监测标准化技术

（此案例由四川省交通运输厅提供。）

（六）标准提升运输服务品质效能

案例 24　青藏车辆行业标准保障青藏高原居民安全舒适出行

为贯彻落实习近平总书记关于“弘扬‘两路’精神，助推西藏发展”重要指示，进一步改善高原地区运输服务水平，适应西藏地区道路通行条件改善等情况，交通运输部组织全国汽车标准化技术委员会客车分技术委员会组织修订发布了行业标准《青藏高原营运客车技术要求》（JT/T 963—2022），进一步提高了轮胎断面宽度、发动机动力要求等指标，加大了行李舱容积，增加了客车安全性能要求，全面提升高原新型客车的安全性、经济性和舒适性。

标准修订实施以来，为西藏自治区拉萨、林芝、山南、昌都、那曲、阿里、日喀则等重点市区16000余辆营运客车提供了技术依据，服务了70多个县（区）、470多个乡镇的老百姓安全舒适出行，推动当地农村客运网络进一步优化、农牧民出行条件显著改善，有力推进西藏地区农村公路的跨越式发展。同时，标准还推动了西藏道路运输客运企业“公车公营”改革，维护了客运市场稳定，支撑强化道路运输市场管理，更好服务藏族聚居地农牧民的美好出行需求。

图 50　青藏高原营运客车

（此案例由全国汽车标准化技术委员会客车分技术委员会提供。）

案例25　国家标准研制助推适老化、无障碍出行

党的十九届五中全会提出“实施积极应对人口老龄化国家战略”。全国政协将“公共交通适老化改造”纳入“十四五”重点提案，交通运输部组织全国城市客运标准化技术委员会开展了《城市公共汽电车无障碍运营服务规范》《城市轨道交通无障碍运营服务规范》2项国家标准制定工作，并纳入国家市场监督管理总局适老化改造国家标准专项。

标准编制组通过开展“交通无障碍环境建设关键技术与政策研究”“交通无障碍相关标准研究”“城市轨道交通无障碍服务现状及对策研究”等项目研究，为形成城市交通无障碍标准规范体系和标准内容要点奠定了坚实基础。通过开展交通运输更贴近民生实事工作、2022年交通运输适老化和无障碍服务重点调研工作，实地调研北京、上海、杭州、深圳等国内相关先进城市无障碍环境建设经验，收集汇总各地数据，提炼行业典型经验，调研成果纳入2项国家标准。

《城市公共汽电车无障碍运营服务规范》规定了城市公共汽电车场站、车辆和运营服务的无障碍相关要求。《城市轨道交通无障碍运营服务规范》规定了城市轨道交通的无障碍运营服务要求，包括一般规定、车站设施配置、列车设施配置、服务人员技能和培训要求、特殊乘客服务、信息服务、投诉与改进。两个标准要求城市交通场站应综合考虑残疾人、老年人和其他特殊群体的出行需求，按照无障碍设计要求，配置无障碍服务设施和信息交流设施，鼓励使用无障碍城市公共交通车辆，加强人员培训，提供无障碍城市公共交通出行服务。

两项标准的编制有助于引导各地交通运输主管部门、公交运营企业等完善城市公共交通适老化、无障碍设施设备，提升适老化、无障碍出行服务水平。

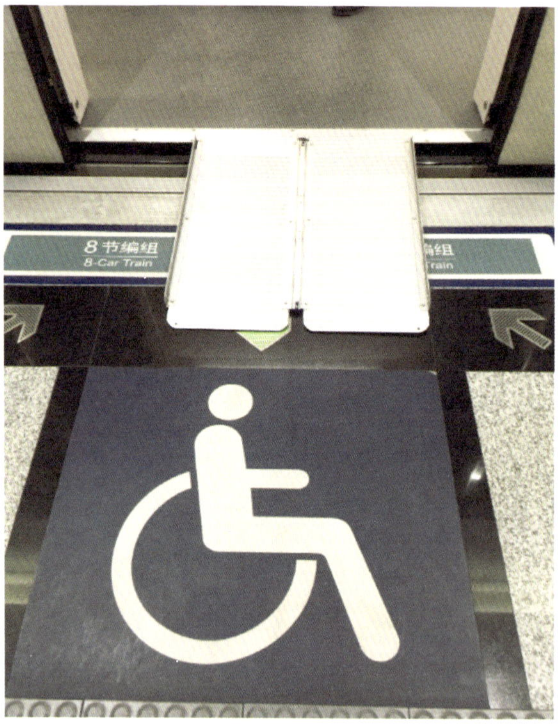

图51　城市轨道交通配备上下车无障碍渡板

（此案例由全国城市客运标准化技术委员会提供。）

案例26　电子船票标准保障水路旅客便利出行

水路客运是综合运输体系的重要组成部分，为经济发展和旅客便利出行发挥了重要作用。近年来，在相关部门共同推动下，水路客运信息化程度不断提高，但由于电子船票发展起步较晚、信息化程度不均衡等原因，无法适应新形势下综合运输体系和现代水路运输业的发展要求。在此背景下，交通运输部组织交通运输信息通信及导航标准化技术委员会编制了行业标准《水路客运电子船票系统技术规范　第1部分：电子船票》（JT/T 1433.1—2022）和《水路客运电子船票系统技术规范　第2部分：服务接口》（JT/T 1433.2—2022）。标准的发布实施，为全国水路客运电子船票系统建设提供了依据，也为水路客运与其他交通运输方式客票系统数据交换和信息联网服务奠定了基础。

依据标准建成的全国水路客运电子船票系统实现了水路客运客票

全过程电子化，该系统已在渤海湾水域的 11 个港口和 3 家航运公司全面推广应用，其中包含山东省的烟台港、同三港、龙口港、蓬莱港、打捞局港、东营港和威海港等 7 个港口以及辽宁省的大连港、大连湾新港客运站、大连湾港和旅顺新港等 4 个港口，3 家航运公司分别是渤海轮渡、中远海运和威海海大。系统上线以来渤海湾区域共售出电子船票 600 余万张，电子船票的应用为渤海湾各港航企业和旅客带来了便捷，乘客可通过线下窗口、移动终端 App、微信公众号等方式购买电子船票并使用移动支付手段进行非现金支付，支付成功后系统将经加密的电子客票乘车凭证发送给乘客，有效避免假票和纸质票丢失带来的损失。通过采用加装二代身份证识读设备的检票闸机，可实现刷电子乘车凭证或身份证进站乘船，实现了旅客购检票全流程的电子化，节约旅客出行时间，提高业务办理的效率和质量。同时依托电子船票数据资源，可进一步提高行业管理部门动态监管时效性和准确度，提高行业管理部门规划与决策科学性，从而更好地指导电子船票系统有序建设，促进水路电子船票推广应用，更好地服务于水路客运的发展，具有重大的现实意义。

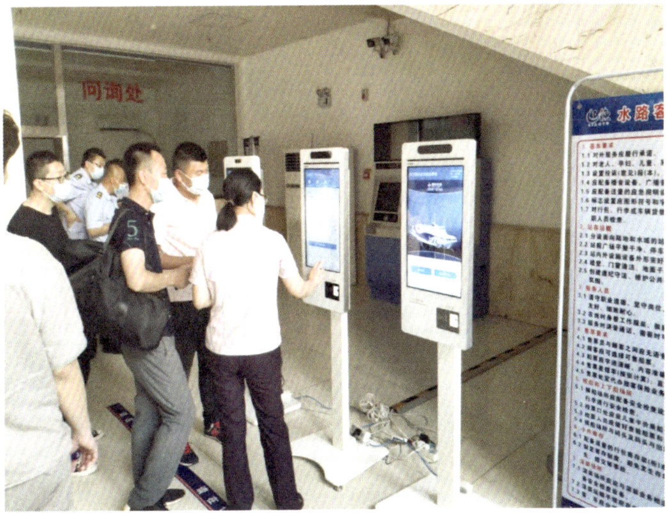

图 52　旅客购买水路客运电子船票

（此案例由交通运输信息通信及导航标准化技术委员会提供。）

案例 27　标准化试点助力提升杭州东站旅客出行品质

铁路杭州东站于 2013 年 7 月 1 日正式投用，是高铁、地铁、公交、长运、出租车等 10 种交通方式一站换乘的特大型综合枢纽。开站以来，东站始终坚持规范化、标准化之路，从建设“十无车站”到“五优车站”再到东站服务大提升、核心业务数字化转型、未来枢纽数字化改革，将实践经验转化为浙江省地方标准《高铁站枢纽区域综合管理规范》（DB33/T 2238—2020），旅客出行更有体验感、获得感、幸福感。

2021 年 3 月，杭州东站公共服务标准化试点成为浙江省内交通枢纽领域首个国家级标准化试点项目。试点期间，东站围绕“为广大旅客提供优质均衡服务”目标，大力推进公共服务标准化建设。完善杭州东站公共服务标准体系，汇编形成“已有标准、自建标准”两个标准库，汇集枢纽服务相关的已有标准 124 项，重点编制《旅客服务工作规范》《快捷出行服务规范》等 28 项企业标准，涵盖旅客出行、洁化序化、便民服务等多个方面。注重标准化、数字化“双化融合”，以标准化促进数字化、以数字化提升标准化，深入推进标准实践应用与成果转化，全面提升了大型交通枢纽公共服务质效。

2021 年 3 月至 2023 年底，地铁单向免检换乘累计为 8300 余万人次到达旅客免去二次安检；东站“微笑亭”服务阵地累计提供咨询服务 2000 余万人次；停车场库半小时内免费停车比例从 40% 提高到 84%；网约车服务专区已服务保障旅客 1596 万人次；自动体外除颤器（Automated External Defibrillator，AED）成功挽救 3 名旅客生命；东站服务满意度位居上海铁路局 37 个客运站第一名。

图 53　“微笑亭”提升改造

图 54　网约车服务区

(此案例由浙江省交通运输厅提供。)

四 标准化发展展望

党的二十大擘画了以中国式现代化全面推进中华民族伟大复兴的宏伟蓝图，强调要加快建设交通强国、质量强国。习近平总书记高度重视交通运输和标准化工作，强调标准决定质量，有什么样的标准就有什么样的质量，只有高标准才有高质量；强调要加强基础设施"硬联通"，制度规则"软联通"。奋力加快建设交通强国，努力当好中国式现代化的开路先锋，推动交通运输高质量发展，必须更好发挥标准的基础性、引领性作用，更加注重标准一体融合、提档升级、开放兼容、创新驱动和实施应用，继续深化管理机制建设，不断强化标准供给，稳步扩大标准制度型开放，着力提升实施效能，着重促进创新发展，持续夯实发展基础，为加快构建安全、便捷、高效、绿色、经济、包容、韧性的可持续交通体系提供强有力的标准引领支撑。

附件

附件1 交通运输领域专业标准化技术委员会

1. 全国专业标准化技术委员会

序号	名称	专业范围	标委会秘书处所在单位	联系方式
1	全国综合交通运输标准化技术委员会(SAC/TC571)	两种及以上运输方式协调衔接和共同使用，包括综合客运枢纽、综合货运枢纽、复合通道及交叉设施、旅客联程运输、货物多式联运衔接、运载单元、专用载运工具、快速转运设备、换乘换装设备以及统计、评价、安全应急与信息化等	交通运输部科学研究院	010-58278610

续上表

序号	名称	专业范围	标委会秘书处所在单位	联系方式
2	全国集装箱标准化技术委员会（SAC/TC6）	集装箱	交通运输部水运科学研究院	010-65290568
3	全国轨道交通电气设备与系统标准化技术委员会（SAC/TC278）	轨道交通电气设备与系统	中车株洲电力机车研究所有限公司	0731-28498225
4	全国轨道交通电气设备与系统标准化技术委员会机车车辆电气分技术委员会（SAC/TC278/SC1）	轨道交通电气设备与系统范围内机车车辆电气	中车株洲电力机车研究所有限公司	0731-28498225
5	全国轨道交通电气设备与系统标准化技术委员会通信信号分技术委员会（SAC/TC 278/SC2）	轨道交通电气设备与系统范围内通信信号	北京全路通信信号研究设计院集团有限公司	010-50805585
6	全国轨道交通电气设备与系统标准化技术委员会牵引供电分技术委员会（SAC/TC 278/SC3）	轨道交通电气设备与系统范围内牵引供电	中铁电气化局集团有限公司	010-52263695
7	全国交通工程设施（公路）标准化技术委员会（SAC/TC223）	公路、桥隧和交通工程及沿线设施	交通运输部公路科学研究院	010-82022158
8	全国汽车维修标准化技术委员会（SAC/TC247）	汽车维修	交通运输部公路科学研究院	010-62079179

续上表

序号	名称	专业范围	标委会秘书处所在单位	联系方式
9	全国智能运输系统标准化技术委员会（SAC/TC268）	智能运输系统	交通运输部公路科学研究院	010-82019626
10	全国道路运输标准化技术委员会（SAC/TC521）	客货运输管理的运输企业、运输从业人员、运输生产组织及运输场建设等管理方面的技术要求；道路运输装备和产品的使用要求、运输作业及监管装备要求	交通运输部公路科学研究院	010-62079188
11	全国城市客运标准化技术委员会（SAC/TC529）	公共汽车、电车和轨道交通运营，出租汽车、轮渡及水上旅游客运，城市客运枢纽场站和其他客运附属服务设施	交通运输部科学研究院	010-58278588
12	全国汽车标准化技术委员会挂车分技术委员会（SAC/TC114/SC13）	汽车挂车及汽车列车的连接尺寸及连接件的技术要求和试验方法	交通运输部公路科学研究院	010-62079179
13	全国汽车标准化技术委员会客车分技术委员会（SAC/TC114/SC22）	客车及专用装置	中国公路车辆机械有限公司	010-87988869
14	全国起重机械标准化技术委员会臂架起重机分技术委员会（SAC/TC227/SC4）	臂架起重机	交通运输部水运科学研究院	010-65290387
15	全国内河船与水路运输标准化技术委员会（SAC/TC130）	内河船与水路运输管理与服务，技术与产品	交通运输部水运科学研究院	010-65290593

续上表

序号	名称	专业范围	标委会秘书处所在单位	联系方式
16	全国港口标准化技术委员会（SAC/TC 530）	港口安全、管理、作业、服务	交通运输部水运科学研究院	010-65290548
17	全国港口标准化技术委员会疏浚装备分技术委员会（SAC/TC 530/SC1）	疏浚专用装备及仪器设备	中国交通建设股份有限公司	010-82016779
18	全国航空运输标准化技术委员会（SAC/TC464）	航空运输（公共航空运输和通用航空运输）安全、保障和服务，包括航空运输飞行安全、地面安全、航空安保、货运安全、设施与设备、应急救援、空中交通服务、航空电信、航空情报、航空气象、旅客及行李运输、航空货邮运输、通航作业、危险品航空运输、绿色航空飞行和绿色机场等	中国民航科学技术研究院	010-64473357
19	全国空中交通管理标准化技术委员会（SAC/TC602）	空中交通管理，包含基础通用、国家空域管理、空中交通流量管理、空中交通服务、航空电信（通信、导航、监视、飞行校验）、航空气象、人员管理、数据及自动化等	中国民航科学技术研究院（牵头）	010-64473159
20	全国邮政业标准化技术委员会（SAC/TC 462）	邮政领域基础、安全、管理、服务及相关技术等	国家邮政局发展研究中心	010-88323319

2. 行业专业标准化技术委员会

序号	名称	专业范围	标委会秘书处所在单位	联系方式
1	铁路行业内燃机车标准化技术委员会	铁路行业内燃机车专业领域机车车体、内燃动力系统、走行系统设备，机车车辆辅助系统机械设备	中车大连机车研究所有限公司	0411-65855815
2	铁路行业电气设备与系统标准化技术委员会	铁路行业电气设备与系统	中车株洲电力机车研究所有限公司	0731-28498225
3	铁路行业电气设备与系统标准化技术委员会机车车辆电气分技术委员会	铁路行业电气设备与系统范围内机车车辆电气	中车株洲电力机车研究所有限公司	0731-28498225
4	铁路行业电气设备与系统标准化技术委员会通信信号分技术委员会	铁路行业电气设备与系统范围内通信信号	北京全路通信信号研究设计院集团有限公司	010-50805585
5	铁路行业电气设备与系统标准化技术委员会牵引供电分技术委员会	铁路行业电气设备与系统范围内牵引供电	中铁电气化局集团有限公司	010-52263695
6	交通运输信息通信及导航标准化技术委员会	交通运输行业信息化、通信及导航	中国交通通信信息中心	010-84120250
7	交通运输环境保护标准化技术委员会	交通运输行业公路、水路领域环境保护	交通运输部公路科学研究院	010-82022466-916
8	交通运输航海安全标准化技术委员会	通航秩序管理、船舶监督、船员管理、船舶检验、行业安全管理	东海航海保障中心	021-66076673
9	交通运输航测标准化技术委员会	交通运输航标、测绘、水上安全通信技术	北海航海保障中心	022-58873183
10	交通运输救捞与水下工程标准化技术委员会	海上救助打捞、水下工程作业、潜水装具和潜水系统、相关人员选拔培训	交通运输部救助打捞局	010-65292161

续上表

序号	名称	专业范围	标委会秘书处所在单位	联系方式
11	中国工程建设标准化协会公路分会	公路工程建设、养护和运营管理	交通运输部公路科学研究院	010-62079983
12	中国工程建设标准化协会水运专业委员会	水运工程建设与维护	中交水运规划设计院有限公司	010-84184267
13	民航工程建设标准化技术委员会	民航工程的勘察与测绘、选址与规划、设计施工验收、监理、检测与评价、运行与维护及相关管理	民航机场规划设计研究总院有限公司	010-64092861/64922342

3. 地方专业标准化技术委员会

序号	省（自治区、直辖市）	机构名称	标委会秘书处所在单位	联系方式
1	北京	北京市交通标准化技术委员会	北京交通工程学会	010-87790910
2	天津	天津市交通运输标准化技术委员会	天津市交通科学研究院	022-23341632 转 8214
3	天津	天津市港口标准化技术委员会	天津港（集团）有限公司计量中心站	022-25707152
4	山西	山西省交通运输标准化技术委员会	山西交通科学研究院集团有限公司	0351-4663038
5	内蒙古	内蒙古自治区交通运输标准化技术委员会	内蒙古自治区交通运输科学发展研究院	0471-6954231
6	吉林	吉林省交通运输标准化技术委员会	吉林省交通科学研究所	0431-86026008

续上表

序号	省（自治区、直辖市）	机构名称	标委会秘书处所在单位	联系方式
7	黑龙江	黑龙江省交通运输专业标准化技术委员会	黑龙江省交通运输信息和科学研究中心	0451-86671680
8	上海	上海市智能交通地方标准化技术委员会	上海市交通发展研究中心	021-33390680
9		上海市轨道交通标准化技术委员会	上海申通地铁集团有限公司	021-63189188-605277
10	浙江	浙江省公路工程标准化技术委员会	浙江公路水运工程咨询集团有限公司	0571-85388298
11	江西	江西省交通运输标准化技术委员会	江西省交通科学研究院有限公司	0791-85297219
12	山东	山东省交通运输标准化技术委员会	山东省交通科学研究院	0531-85903980
13		山东省城市轨道交通运输标准化技术委员会	青岛市标准化研究院、中车青岛四方机车车辆股份有限公司	0532-83871861
14	河南	河南省综合交通运输标准化技术委员会	河南交通职业技术学院	0371-60868429
15		河南省公路工程交通标准化技术委员会（筹）	河南省交通规划设计研究院股份有限公司	0371-62037933
16		河南省内河水运标准化技术委员会	河南省交通事业发展中心	0371-87165904
17	广东	广东省交通运输标准化技术委员会	广东省交通运输规划研究中心	020-83730284
18	广西	广西交通运输标准化技术委员会	广西交通设计集团有限公司	0771-3910039

续上表

序号	省（自治区、直辖市）	机构名称	标委会秘书处所在单位	联系方式
19	重庆	重庆市交通运输标准化技术委员会	重庆市交通规划和技术发展中心	023-62806030
20	四川	四川省交通运输标准化技术委员会	四川省公路规划勘察设计研究院有限公司	028-85527686
21	贵州	贵州省交通运输标准化技术委员会	贵州省交通规划勘察设计研究院股份有限公司	0851-85954761
22	云南	云南省交通运输标准化技术委员会	云南省交通运输厅	0871-65305690
23	陕西	陕西省交通运输标准化技术委员会	陕西省公路学会	029-88811558
24	甘肃	甘肃省交通运输标准化技术委员会	甘肃省交通规划勘察设计院股份有限公司、甘肃路桥建设集团有限公司、兰州铁道设计院有限公司	0931-8509906
25	青海	青海省交通运输标准化专业技术委员会	青海省公路学会	0971-6101166
26	新疆	新疆维吾尔自治区交通运输标准化技术委员会（筹）	新疆交通规划勘察设计研究院有限公司	0991-5281301

附件2 交通运输领域计量技术委员会和国家计量站

1. 全国计量技术委员会

序号	名称	专业范围	委员会秘书处所在单位	联系方式
1	全国公路专用计量器具计量技术委员会（AQS IQ/MTC30）	公路领域计量技术规范制修订、宣贯和开展计量比对	交通运输部公路科学研究院	010-62079885
2	全国水运专用计量器具计量技术委员会（AQS IQ/MTC31）	水运领域计量技术规范制修订、宣贯和开展计量比对	交通运输部天津水运工程科学研究所	022-59805284

2. 国家计量站

序号	名称	专业范围	法人单位	联系方式
1	国家轨道衡计量站	全国范围内轨道衡和检衡车的计量检定	中国铁道科学研究院集团有限公司	010-51874346/51849094
2	国家铁路罐车容积计量站	全国范围内铁路罐车容积的计量检定	中国铁道科学研究院集团有限公司	010-51849264/51893014
3	国家道路及桥梁工程检测设备计量站	全国范围内公路工程专业计量标准建设、维护以及量值溯源和量值传递	交通运输部公路科学研究所	010-60503700
4	国家水运工程检测设备计量站	全国范围内水运工程专业计量标准建设、维护以及量值溯源和量值传递	交通运输部天津水运工程科学研究所	022-59805284
5	国家船舶舱容积计量站	全国范围内液货船舶舱容积计量检定	交科昌荣（北京）计量检测技术有限公司	010-58278161

附件 3 交通运输标准化政策制度

1. 规划、意见

序号	文件名称	文号	发布二维码	解读二维码
1	交通运输标准化“十四五”发展规划	交科技发〔2021〕106 号		
2	“十四五”铁路标准化发展规划	国铁科法〔2021〕47 号		
3	交通运输部关于加强和改进交通运输标准化工作的意见	交科技发〔2014〕169 号		

2. 标准管理

序号	文件名称	文号	发布二维码	解读二维码
1	交通运输标准化管理办法	交通运输部令 2019 年第 12 号		
2	民用航空标准化管理规定	交通运输部令 2016 年第 30 号		
3	邮政业标准化管理办法	国邮发〔2023〕54 号		
4	交通标准化工作规则	厅科教〔2006〕411 号		

续上表

序号	文件名称	文号	发布二维码	解读二维码
5	交通运输行业专业标准化技术委员会管理办法	交办科技〔2020〕9号		
6	交通运输专业标准化技术委员会考核评估办法	交办科技〔2022〕30号		
7	铁路行业专业标准化技术委员会管理办法	国铁科法〔2023〕30号		
8	铁路行业专业标准化技术归口单位管理办法	国铁科法〔2023〕31号		
9	铁道行业技术标准管理办法	国铁科法〔2014〕23号		
10	铁路工程建设标准管理办法	国铁科法〔2014〕24号		
11	中国民用航空行业标准管理办法	AP-375SE-2012-008		
12	民航工程建设行业标准管理办法	民航发〔2020〕13号		
13	公路工程建设标准管理办法	交公路规〔2020〕8号		
14	水运工程建设标准管理办法	交水规〔2020〕12号		

续上表

序号	文件名称	文号	发布二维码	解读二维码
15	交通运输标准审查管理规定	交办科技〔2019〕109 号		
16	交通运输标准制定、修订程序和要求	JT/T 18—2020		
17	公路工程行业标准制修订管理导则	JTG 1002—2022		
18	公路工程行业标准编写导则	JTG 1003—2023		
19	水运工程标准编写规定	JTS 101—2014		
20	水运工程建设行业标准管理规程	JTS/T 129—2022		
21	民航工程建设行业标准编写规范	MH/T 5045—2020		
22	交通运输标准外文版管理办法	交办科技〔2022〕16 号		
23	团体标准和企业标准转化为铁路国家标准和行业标准的暂行规定	国铁科法〔2023〕29 号		

3. 计量管理

序号	文件名称	文号	发布二维码	解读二维码
1	交通运输部门计量检定规程管理办法	交办科技〔2021〕81 号		
2	中国民用航空计量管理规定	CCAR-379SE		
3	中国民用航空部门计量检定规程管理办法	CCAR-381SE		
4	民用航空器专用计量器具管理办法	MD-SE-1996-194		

4. 产品质量管理

序号	文件名称	文号	发布二维码	解读二维码
1	公路水路行业产品质量监督抽查管理办法	交科技规〔2020〕2 号		
2	公路水路行业产品质量监督抽查实施规范管理办法	交办科技〔2021〕86 号		
3	交通运输行业重点监督管理产品目录（2013 年版）	厅科技字〔2013〕258 号		

5. 标准体系

序号	文件名称	文号	发布二维码	解读二维码
1	交通运输标准化体系	交科技发〔2017〕48 号		
2	综合交通运输标准体系（2022 年）	交办科技〔2022〕52 号		
3	绿色交通标准体系（2022 年）	交办科技〔2022〕36 号		
4	交通运输安全应急标准体系（2022 年）	交办科技〔2022〕82 号		
5	交通运输信息化标准体系（2019 年）	交办科技〔2019〕49 号		
6	交通运输智慧物流标准体系建设指南	交科技发〔2022〕97 号		
7	国家车联网产业标准体系建设指南（智能交通相关）	工信部联科〔2021〕23 号		
8	“十四五”邮政业标准体系建设指南	国邮发〔2020〕86 号		

附件 4 交通运输领域与有关国际标准组织技术机构的对口关系

序号	ISO、IEC 的标委会名称及编号	国内技术对口的标委会	
		名称及编号	秘书处所在单位
1	国际电工委员会轨道交通电气设备与系统标准化技术委员会（IEC/TC9）	全国轨道交通电气设备与系统标准化技术委员会（SAC/TC278）	中车株洲电力机车研究所有限公司
2	国际标准化组织铁路应用技术委员会（ISO/TC269）	铁路基础通用及运输设备技术归口单位	中国铁道科学研究院集团有限公司
3	国际标准化组织城市和社区可持续发展技术委员会可持续流动与交通分委会（ISO/TC268/SC2）	动车组、客货车辆机械及机车车辆制动设备技术归口单位	中车青岛四方车辆研究所有限公司
4	国际标准化组织集装箱技术委员会（ISO/TC104）	全国集装箱标准化技术委员会（SAC/TC6）	交通运输部水运科学研究院
5	国际标准化组织造船与船舶结构技术委员会内河航行分委会（ISO/TC8/SC7）	全国内河船与水路运输标准化技术委员会（SAC/TC130）	交通运输部水运科学研究院
6	国际标准化组织道路交通安全管理体系技术委员会（ISO/TC241）	全国交通工程设施（公路）标准化技术委员会（SAC/TC223）	交通运输部公路科学研究院
7	国际标准化组织智能运输系统技术委员会（ISO/TC204）	全国智能运输系统标准化技术委员会（SAC/TC268）	交通运输部公路科学研究院

续上表

<table>
<tr><th rowspan="2">序号</th><th rowspan="2">ISO、IEC 的标委会名称及编号</th><th colspan="2">国内技术对口的标委会</th></tr>
<tr><th>名称及编号</th><th>秘书处所在单位</th></tr>
<tr><td>8</td><td>国际标准化组织航空与航天器技术委员会航空货运与地面和设备分委会（ISO/TC20/SC9）、机场基础设施分委会（ISO/TC20/SC17）</td><td>全国航空运输标准化技术委员会（SAC/TC464）</td><td>中国民航科学技术研究院</td></tr>
<tr><td>9</td><td>国际标准化组织/船舶与海洋技术委员会/内河航行船/挖泥船工作组（ISO/TC8/SC7/WG11）</td><td>全国港口标准化技术委员会疏浚装备分技术委员会（SAC/TC530/SC1）</td><td>中国交通建设股份有限公司</td></tr>
<tr><td>10</td><td>国际标准化组织起重机械技术委员会臂架起重机分会（ISO/TC96/SC8）</td><td>全国起重机标委会臂架起重机分技术委员会（SAC/TC227/SC4）</td><td>交通运输部水运科学研究院</td></tr>
<tr><td>11</td><td rowspan="2">国际标准化组织道路车辆技术委员会（ISO/TC22）及国际电工委员会电动道路车辆和电动工业用载货车技术委员会（IEC/TC69）[1]</td><td>全国汽车标准化技术委员会挂车分技术委员会（SAC/TC114/SC13）</td><td>交通运输部公路科学研究院</td></tr>
<tr><td>12</td><td>全国汽车标准化技术委员会客车分技术委员会（SAC/TC114/SC22）</td><td>中国公路车辆机械有限公司</td></tr>
</table>

[1] ISO/TC22 和 IEC/TC69 由全国汽车标准化技术委员会（SAC/TC114）统一对口。